TRANSLATED

Translated Language Learning

The Diaries of Adam and Eve
Щоденники Адама і Єви

Mark Twain
Марк Твен

English / Українська

Copyright © 2023 Tranzlaty
All rights reserved.
Published by Tranzlaty
ISBN: 978-1-83566-182-6
Original texts by Mark Twain:
Extracts from Adam's Diary: Translated from the Original MS
First published in The Niagara Book 1893
Eve's Diary
First published in Harper's Bazaar 1905
Illustrated by Lester Ralph
www.tranzlaty.com

- Extracts from Adam's Diary -
- Уривки з «Щоденника Адама» -

I had translated a portion of this diary some years ago
Кілька років тому я переклав частину цього щоденника
a friend of mine printed a few copies of the text
Мій друг надрукував кілька примірників цього тексту
the text was in an incomplete form
Текст був у неповному вигляді
but the public never got to see those texts
Але публіка так і не побачила цих текстів
Since then I have deciphered some more of Adam's hieroglyphics
З тих пір я розшифрував ще деякі ієрогліфи Адама
he has now become sufficiently important as a public character
Зараз він став досить важливим як публічний персонаж
and I think this publication can now be justified
і я думаю, що цю публікацію тепер можна виправдати
Mark Twain
Марк Твен

***

MONDAY - ПОНЕДІЛОК
This new creature with the long hair is constantly in the way
Ця нова істота з довгою шерстю постійно заважає
It is always hanging around and following me about
Він завжди вештається поруч і слідує за мною
I don't like this
Мені це не подобається
I am not used to company
Я не звик до компанії
I wish it would stay with the other animals
Я б хотів, щоб він залишився з іншими тваринами
Cloudy to-day, wind in the east

Сьогодні хмарно, вітер на сході
I think we shall have rain
Я думаю, що у нас буде дощ
Where did I get that word?
Звідки я взяв це слово?
I remember now
Я зараз пам'ятаю
the new creature uses that word
Нова істота використовує це слово

TUESDAY - ВІВТОРОК
I've been examining the great waterfall
Я оглядав великий водоспад
the great waterfall is the finest thing on the estate, I think
великий водоспад - це найкраща річ у маєтку, я думаю
The new creature calls it Niagara Falls
Нова істота називає його Ніагарським водоспадом
why does it call it Niagara falls?
чому він називає його Ніагарським водоспадом?
I am sure I do not know
Я впевнений, що не знаю
it says the waterfall looks like Niagara Falls
там написано, що водоспад схожий на Ніагарський водоспад
That is not a reason
Це не причина
it is mere waywardness and imbecility
Це просто норовливість і безглуздість
I get no chance to name anything myself
Я сам нічого не можу назвати
The new creature names everything that comes along
Нова істота називає все, що трапляється
I don't even get time to protest
Я навіть не маю часу протестувати
the same pretext is always offered
Завжди пропонується один і той же привід

"it looks like the thing"
"Схоже на річ"
There is the dodo, for instance
Є, наприклад, додо
it says the moment one looks at it one sees the animal "looks like a dodo"
У ньому йдеться, що в той момент, коли дивишся на нього, бачиш, що тварина "схожа на додо"
It will have to keep that name, no doubt
Без сумніву, йому доведеться зберегти цю назву
It wearies me to fret about it
Мене втомлює переживати з цього приводу
and it does no good to worry about it, anyway
І в будь-якому випадку турбуватися про це не варто
Dodo! It looks no more like a dodo than I do
Додо! Він схожий на додо не більше, ніж я

WEDNESDAY - СЕРЕДА
I built myself a shelter against the rain
Я побудував собі укриття від дощу
but I could not have it to myself in peace
але я не міг спокійно мати його для себе
The new creature intruded
Нове створіння вторглося
I tried to put it out
Я намагався його загасити
but it shed water out of the holes it looks with
Але він виливав воду з отворів, з якими виглядає
it wiped the water away with the back of its paws
Він витирав воду тильною стороною лап
and it made a noise like the animals do when they are in distress
І він шумів, як тварини, коли потрапляють у біду
I wish it would not talk
Я б хотів, щоб він не говорив
it is always talking

Це завжди розмова
That sounds like a cheap fling at the poor creature
Це звучить як дешева кидка на бідолашну істоту
but I do not mean it to sound like a slur
але я не хочу, щоб це звучало як лайка
I have never heard the human voice before
Я ніколи раніше не чув людського голосу
for me it is a new and strange sound
Для мене це нове і дивне звучання
and this sound intrudes itself upon the solemn hush of these dreaming solitudes
І цей звук вторгається в урочисту тишу цих мрійливих самотностей
it offends my ear and seems a false note
Це ображає моє вухо і здається фальшивою нотою
And this new sound is so close to me
І це нове звучання мені так близьке
it is right at my shoulder, right at my ear
Це прямо біля мого плеча, прямо біля мого вуха
first on one side and then on the other
Спочатку з одного боку, а потім з іншого
I am used only to sounds that are at a distance from me
Я звик тільки до звуків, які знаходяться на відстані від мене

FRIDAY - П'ЯТНИЦЯ
The naming goes recklessly on, in spite of anything I can do
Називання йде необачно, незважаючи ні на що, що я можу зробити
I had a very good name for the estate: Garden of Eden
У мене була дуже гарна назва для маєтку: Райський сад
it was musical and pretty
Це було музично і красиво
Privately, I continue to call it that
У приватному порядку я продовжую це так називати
but I don't call it that in public anymore
але я більше не називаю це так публічно

The new creature says it is all woods and rocks and scenery
Нова істота каже, що це все ліси, скелі та краєвиди
therefore it has no resemblance to a garden, it says
Тому він не має нічого спільного з садом, каже він
it says it looks like a park
Там написано, що це схоже на парк
it says it does not look like anything but a park
Він каже, що не схожий ні на що, крім парку
without consulting me, it decided to rename the garden
Не порадившись зі мною, вирішив перейменувати сад
now it's called Niagara falls park
тепер він називається парк Ніагарського водоспаду
it is becoming too much for me
Для мене це стає занадто важким
And there is already a sign up
І вже є запис
"Keep off the grass"
«Тримайся подалі від трави»
My life is not as happy as it was
Моє життя вже не таке щасливе, як було

SATURDAY - СУБОТА
The new creature eats too much fruit
Нова істота їсть занадто багато фруктів
We may well run short of fruit quite soon
Цілком можливо, що нам не вистачить плодів досить скоро
"we", again. That is one of its words
«ми», знову ж таки. Це одне з його слів
I've heard the word so many times
Я чув це слово стільки разів
and now it's one of my words too
І тепер це теж одне з моїх слів

There is a good deal of fog this morning
Сьогодні вранці багато туману

I do not go out in the fog
Я не виходжу в туман
The new creature always goes out in the fog
Нова істота завжди гасне в тумані
It goes out in all weathers
Гасне в будь-яку погоду
it stumps around outside with its muddy feet and talks
Він тупцює надворі своїми брудними ногами і розмовляє
It used to be so pleasant and quiet here
Раніше тут було так приємно і тихо

SUNDAY - НЕДІЛЯ
This day is getting to be more and more trying
Цей день стає все більш і більш важким
last November we made this day a day of rest
У листопаді минулого року ми зробили цей день днем відпочинку
I already had six days of rest per week
У мене вже було шість днів відпочинку на тиждень
This morning I found the new creature at the forbidden tree
Сьогодні вранці я знайшов нову істоту біля забороненого дерева
it was trying to clod apples out of that forbidden tree
Він намагався згорнути яблука з того забороненого дерева

MONDAY - ПОНЕДІЛОК
The new creature says its name is Eve
Нова істота каже, що її звуть Єва
That is all right
Це нормально
I have no objections to it being called Eve
Я не заперечую проти того, щоб вона називалася Єва
it says I should call Eve when I want it to come
там написано, що я маю зателефонувати Єві, коли я хочу, щоб це сталося
I said that would be superfluous

Я сказала, що це буде зайвим
The word evidently raised me in its respect
Це слово, очевидно, підняло мене в його повазі
it is indeed a large and good word
Це справді велике і добре слово
this word will be worth repeating
Це слово варто буде повторити
It says it is not an "it"
Він каже, що це не «воно»
it says it is a "She"
там написано, що це "Вона"
This is probably doubtful
Це, напевно, сумнівно
but it is all the same to me
Але для мене це все одно
whatever she is wouldn't matter if she didn't talk so much
Якою б вона не була, не мало б значення, якби вона не говорила так багато

TUESDAY - ВІВТОРОК
She has littered the whole estate with execrable names and offensive signs:
Вона засмітила весь маєток непристойними іменами та образливими знаками:
"this way to the whirlpool"
«Цей шлях до виру»
"this way to goat island"
«Цей шлях на Козячий острів»
"cave of the winds this way"
«Печера вітрів сюди»
She says this park would make a tidy summer resort
Вона каже, що з цього парку вийшов би охайний літній курорт
but summer resorts are not at all customary
А ось на літніх курортах зовсім не прийнято
"Summer resort" - another invention of hers

«Літній курорт» - ще один її винахід
just words without any meaning
Просто слова без будь-якого сенсу
What is a summer resort?
Що таке літній курорт?
But it is best not to ask her
Але краще за все її не питати
she has so much energy for explaining
У неї стільки енергії на пояснення

FRIDAY - П'ЯТНИЦЯ
She has taken to beseeching me to stop going over the Falls
Вона благала мене припинити переходити водоспад
What harm does it do?
Якої шкоди завдає?
Says it makes her shudder
Каже, що це змушує її здригатися
I wonder why it makes her shudder
Цікаво, чому це змушує її здригатися
I have always jumped down from the waterfalls
Я завжди стрибав з водоспадів
I liked the plunge and the excitement
Мені сподобалося занурення і хвилювання
and I liked the coolness of the water
і мені сподобалася прохолода води
I supposed it was what the Falls were for
Я вважав, що це те, для чого був водоспад
They have no other use that I can see
Я не бачу в них іншої користі
and they must have been made for something
І вони, мабуть, були створені для чогось
She says they were only made for scenery
Вона каже, що вони були створені лише для декорацій
like the rhinoceros and the mastodon
Як носоріг і мастодонт
I went over the Falls in a barrel

Я перейшов водоспад у бочці
but that was not satisfactory to her
Але це її не влаштовувало
I Went over the falls in a tub
Я перейшов водоспад у діжці
it was still not satisfactory
Вона все одно не була задовільною
I swam the Whirlpool and the Rapids in a fig-leaf suit
Я плавав Вир і Пороги в костюмі з фігового листя
my suit got very damaged
Мій костюм дуже пошкодився
so I had to listen to tedious complaints about my extravagance
тому мені доводилося вислуховувати нудні скарги на мою екстравагантність
I am too hampered here
Я тут занадто загальмований
What I need is change of scenery
Що мені потрібно, так це зміна обстановки

SATURDAY - СУБОТА
I escaped last Tuesday night and travelled two days
Я втік минулого вівторка ввечері і подорожував два дні
I built another shelter in a secluded place
Ще одне укриття я побудував у затишному місці
and I obliterated my tracks as well as I could
і я стер свої сліди, як тільки міг
but she hunted me out with the aid of one of her beasts
Але вона вистежила мене за допомогою одного зі своїх звірів
a beast which she has tamed and calls a wolf
звіра, якого вона приручила і називає вовком
she came making that pitiful noise again
Вона знову прийшла, зробивши той жалюгідний шум
and she was shedding that water out of the places she looks with

І вона проливала ту воду з тих місць, куди дивилася
I was obliged to return with her
Я був змушений повернутися з нею
but I will emigrate again, when an occasion presents itself
але я знову емігрую, коли випаде нагода

She engages herself in many foolish things
Вона займається багатьма дурницями
she's trying to understand why the lions and tigers eat grass and flowers
Вона намагається зрозуміти, чому леви і тигри їдять траву і квіти
she says their teeth would indicate that they were intended to eat each other
Вона каже, що їхні зуби вказують на те, що вони мали намір з'їсти один одного
This is a foolish idea
Це безглузда ідея
to do that they would have to kill each other
Для цього їм довелося б вбивати один одного
as I understand it that would introduce what is called "death"
як я розумію, це введе те, що називається «смерть»
and I have been told that death has not yet entered the Park
і мені сказали, що смерть ще не увійшла в Парк
on some accounts that is a pity
На деяких рахунках це шкода
SUNDAY - rested
НЕДІЛЯ - відпочив

MONDAY - ПОНЕДІЛОК
I believe I see what the week is for
Я вірю, що бачу, для чого тиждень
it is to give time to rest up from the weariness of Sunday
це дати час відпочити від недільної втоми
It seems a good idea
Це здається гарною ідеєю

She has been climbing that tree again
Вона знову вилізла на це дерево
I clodded her out of it
Я витягнув її з нього
She said nobody was looking
Вона сказала, що ніхто не дивиться
she seems to consider that a sufficient justification
Вона, схоже, вважає це достатнім обґрунтуванням
but it is no justification for chancing a dangerous thing
Але це не є виправданням для того, щоб випадково вчинити небезпечну річ
I told her it was no justification for what she did
Я сказала їй, що це не виправдання того, що вона зробила
The word "justification" moved her admiration
Слово «виправдання» викликало у неї захоплення
she seemed to envy me a little, I thought
вона, здається, трохи заздрила мені, подумав я
It is a good word
Це гарне слово
I shall use the word more often
Я буду частіше вживати це слово

THURSDAY - ЧЕТВЕР
She told me she was made out of one of my ribs
Вона сказала мені, що вона зроблена з одного з моїх ребер
I somewhat doubt what she says
Я дещо сумніваюся в тому, що вона каже
I don't seem to be missing a rib
Здається, мені не вистачає жодного ребра
and I can't imagine how she would have been made from my rib
і я не уявляю, як би вона була зроблена з мого ребра
She is making a great fuss about the buzzard
Вона здіймає великий галас навколо канюка
she says his stomach does not agree with the grass
Каже, що його шлунок не згоден з травою

she is afraid she can't raise the buzzard
Вона боїться, що не зможе підняти канюка
she thinks it was intended to live on decayed flesh
Вона думає, що він був призначений для того, щоб жити на розкладеній плоті
The buzzard must get along the best it can with what is provided
Канюк повинен якнайкраще уживатися з тим, що передбачено
We cannot overturn the whole scheme to accommodate the buzzard
Ми не можемо перевернути всю схему, щоб влаштувати канюка

SATURDAY - СУБОТА
She fell in the pond while she was looking at herself in it
Вона впала в ставок, коли дивилася в ньому на себе
she is always looking at herself
Вона завжди дивиться на себе
She was nearly strangled by the water
Її ледь не задушила вода
and she said it was most uncomfortable
І вона сказала, що це було дуже незручно
This made her sorry for the creatures which live in the water
Це змусило її пожаліти істот, які живуть у воді
the creatures which she calls fish
істоти, яких вона називає рибами
she continues to fasten names on to things that don't need them
Вона продовжує прикріплювати імена до речей, які їм не потрібні
the don't come when they are called by those names
Вони не приходять, коли їх називають цими іменами
but this is a matter of no consequence to her
Але для неї це не має жодного значення
she is such a numbskull

Вона така заціпеніла
she took a lot of the fish out of the water last night
Минулої ночі вона витягла з води багато риби
and then she brought them into the house
А потім принесла їх до хати
she put them in my bed so they would be warm
Вона поклала їх у моє ліжко, щоб вони були теплими
but they don't seem any happier than where they were before
Але вони не здаються щасливішими, ніж були раніше
all I can see is that they are quieter
все, що я бачу, це те, що вони тихіші
When night comes I shall throw them out again
Коли настане ніч, я викину їх знову
I will not sleep with these fish in my bed again
Я більше не буду спати з цими рибками у своєму ліжку
I find lying unclothed among them clammy and unpleasant
Я вважаю, що лежати серед них без одягу липко і неприємно

SUNDAY - rested
НЕДІЛЯ - відпочив

TUESDAY - ВІВТОРОК
She has made friends with a snake
Вона подружилася зі змією
The other animals are glad that she is friends with the snake
Інші тварини раді, що вона дружить зі змією
because she was always experimenting with the other animals
Тому що вона завжди експериментувала з іншими тваринами
and she was always bothering the other animals
І вона завжди докучала іншим тваринам
and I am also glad she is friends with the snake
а ще я радий, що вона дружить зі змією

because the snake talks
Тому що змія розмовляє
now she spends more time talking with the snake instead of me
Тепер вона проводить більше часу, розмовляючи зі змією, а не зі мною
and this enables me to get a rest
І це дає мені можливість відпочити

FRIDAY - П'ЯТНИЦЯ
She says the snake advises her to try the fruit of the forbidden tree
Вона каже, що змія радить їй спробувати плоди забороненого дерева
and she says the result will be a great and fine and noble education
І вона каже, що результатом буде чудова, прекрасна і благородна освіта
I told her there would be another result, too
Я сказала їй, що буде й інший результат
eating from the tree would introduce death into the world
Їжа з дерева принесла б у світ смерть
telling her the fruit would bring death into the world was a mistake
Сказати їй, що плід принесе смерть у світ, було помилкою
it would have been better to keep the remark to myself
Краще б це зауваження залишилося при собі
telling her about death gave her another idea
Розповідь їй про смерть наштовхнула її на іншу ідею
she could save the sick buzzard
Вона могла врятувати хворого канюка
and she could furnish fresh meat to the despondent lions and tigers
І вона могла постачати свіже м'ясо зневіреним левам і тиграм
I advised her to keep away from the tree

Я порадив їй триматися подалі від дерева
She said she wouldn't keep away from the tree
Вона сказала, що не буде триматися подалі від дерева
I foresee trouble and I will emigrate
Я передчуваю біду і емігрую

WEDNESDAY - СЕРЕДА
I have had an eventful time since I escaped
У мене був насичений подіями час з того часу, як я втік
I escaped on the night she ate from the tree
Я врятувався в ніч, коли вона з'їла з дерева
and I rode a horse all night as fast as he could go
І я їздив на коні всю ніч так швидко, як тільки міг
I hoped to get out of the park and hide in some other country
Я сподівався вибратися з парку і сховатися в якійсь іншій країні
I hoped I would get away before the trouble began
Я сподівався, що втечу, перш ніж почнуться неприємності
but my plans were not to be
Але моїм планам не судилося
About an hour after sunup I was riding through a flowery plain
Десь через годину після сходу сонця я їхав квітучою рівниною
thousands of animals were grazing and slumbering
Тисячі тварин паслися і дрімали
and the young animals were playing with each other
А молодняк грався між собою
all of a sudden they broke into a tempest of frightful noises
Раптом вони вибухнули бурею страшних звуків
and in one moment the plain was in a frantic commotion
І в одну мить рівнина запанувала в шаленому сум'ятті
every beast was destroying its neighbour
Кожен звір нищив свого ближнього
I knew what it meant; Eve had eaten that fruit

Я знав, що це означає; Єва з'їла цей плід
death had come into the world
Смерть прийшла у світ
The tigers ate my horse
Тигри з'їли мого коня
they payed no attention when I ordered them to desist
вони не звернули уваги, коли я наказав їм припинити
they would even have eaten me if I had stayed
вони навіть з'їли б мене, якби я залишився
I found this place outside the park
Я знайшов це місце за межами парку
I was fairly comfortable for a few days
Кілька днів мені було досить комфортно
but she has found my hiding place
Але вона знайшла мою схованку
and she has named the place Tonawanda
І назвала вона це місце Тонаванда
she says it looks like Tonawanda
вона каже, що це схоже на Тонаванду

In fact, I was not sorry she came
Насправді, мені було не шкода, що вона приїхала
there are but meagre pickings here
Тут є лише мізерні збори
and she brought some of those apples
І вона принесла кілька тих яблук
I was so hungry that I to eat them
Я був такий голодний, що хотів їх з'їсти
eating those apples was against my principles
Їсти ці яблука було проти моїх принципів
but I find that principles have no real force except when one is well fed
але я вважаю, що принципи не мають реальної сили, окрім випадків, коли людина добре нагодована
She came curtained in boughs and bunches of leaves
Вона прийшла, зашторена гіллям і пучками листя

I asked her what she meant by such nonsense
Я запитав її, що вона має на увазі під такою нісенітницею
I snatched the leaves from her
Я вирвав у неї листя
and threw her coverings onto the ground
І кинула на землю покривало своє
she tittered and blushed when I did this
вона тремтіла і червоніла, коли я це робила
I had never seen a person titter and blush before
Я ніколи раніше не бачила, щоб людина тремтіла і червоніла
her manner seemed to be unbecoming and idiotic
Її манера здавалася непристойною та ідіотською
but she said I would soon know how it felt
але вона сказала, що я скоро дізнаюся, як це було
in this she was correct
У цьому вона мала рацію
I have come to understand the feeling of shame
Я зрозумів почуття сорому

Hungry as I was, I laid down the apple half eaten
Голодний, я поклав яблуко, наполовину з'їдене
it was certainly the best apple I ever saw
це, безумовно, було найкраще яблуко, яке я коли-небудь бачив
it was as especially good apple, considering the lateness of the season
Це було особливо гарне яблуко, враховуючи пізній сезон
and I covered myself in the discarded boughs and branches
І я вкривався викинутим гіллям та гіллям
then I spoke to her with some severity
потім я заговорив з нею з деякою суворістю
I ordered her to go and get some more apples
Я наказав їй піти за ще яблуками
and I told her not make such a spectacle of herself
І я сказав їй, щоб вона не робила з себе такого видовища

She did as I told her
Вона зробила так, як я їй сказала
then we crept down to where the wild beasts bad battled
Потім ми поповзли туди, де дикі звірі погано билися
and we collected some of their furs
І ми зібрали трохи їхнього хутра
I made her patch together a couple of suits proper for public occasions
Я пошила їй пару костюмів, які підходять для публічних заходів
They are uncomfortable, it is true
Вони незручні, це правда
but this clothing we now wear is stylish
Але цей одяг, який ми зараз носимо, стильний
and that is the main point about clothes
І це головне про одяг

I find she is a good companion to have
Я вважаю, що вона хороша супутниця
I would be lonesome and depressed without her
Без неї мені було б самотньо і пригнічено
if I didn't have her I wouldn't have anyone
якби у мене її не було, у мене не було б нікого
but she says it is ordered that we work for our living from now on
Але вона каже, що відтепер нам наказано працювати, щоб заробляти собі на життя
She will be useful in dividing up the work
Вона стане в нагоді при розподілі роботи
I will superintend over the work we do
Я буду наглядати за роботою, яку ми виконуємо

- Ten Days Later –
- Десять днів потому –

She accuses me of being the cause of our disaster!
Вона звинувачує мене в тому, що я є причиною нашої біди!

She says the Serpent assured her that the forbidden fruit was not apples
Вона каже, що Змій запевнив її, що заборонений плід – це не яблука

and she says this with apparent sincerity and truth
І говорить вона це з видимою щирістю і правдою

she says they weren't apples, but instead that they were chestnuts
Вона каже, що це були не яблука, а каштани

I said I was innocent since I had not eaten any chestnuts
Я сказала, що я невинна, бо не їла каштанів

but the Serpent informed her that "chestnut" could also have a figurative meaning
але Змій повідомив їй, що слово «каштан» може мати і переносне значення

she says a chestnut can be an aged and mouldy joke
Вона каже, що каштан може бути зістареним і запліснявілим жартом

I turned pale at this definition
Я зблід від цього визначення

because I have made many jokes to pass the weary time
тому що я багато жартувала, щоб скоротати втомлений час

and some of them my jokes could have been of the chestnut variety
І деякі з них, мої жарти, могли бути каштанового сорту

but I had honestly supposed that they were new jokes when I made them
але я, чесно кажучи, припускав, що це нові жарти, коли я їх робив

She asked me if I had made any jokes just at the time of the catastrophe
Вона запитала мене, чи не жартував я якось під час катастрофи
I was obliged to admit that I had made a joke to myself
Я був змушений визнати, що пожартував сам із собою
although I did not make the joke aloud
хоча я не жартував вголос
this was the joke I was thinking to myself:
Ось про що я думав сам:
I was thinking about the waterfalls
Я думав про водоспади
"How wonderful it is to see that vast body of water tumble down there!"
— Як чудово бачити, як там падає ця величезна водойма!
Then in an instant a bright thought flashed into my head
І раптом в голові промайнула світла думка
"It would be a great deal more wonderful to see the water tumble up the waterfall!"
— Було б набагато прекрасніше побачити, як вода падає вгору по водоспаду!
I was just about to die from laughing when all nature broke loose
Я вже збирався померти від сміху, коли вся природа вирвалася назовні
and I had to flee for my life
і я мусив тікати, рятуючи своє життя
"now you see" she said triumphantly
— Тепер бачиш, — переможно сказала вона
"the Serpent mentioned that very jest"
«Змій згадав про той самий жарт»
"he called it the First Chestnut"
«Він назвав його Першим Каштаном»
"and he said it was coeval with the creation"
«І він сказав, що це співпало зі створінням»
Alas, I am indeed to blame

На жаль, я дійсно винен
I wish that I were not so witty
Шкода, що я не була такою дотепною,
I wish that I had never had that radiant thought!
Шкода, що в мене ніколи не було такої променистої думки!

- Next Year -
- У наступному році –

We have named it Cain
Ми назвали його Каїном
She caught it while I was up country trapping on the North Shore of the Erie
Вона зловила його, коли я був у сільській місцевості на північному березі Ері
she caught it in the timber a couple of miles from our dug-out
Вона зловила його в лісі за пару миль від нашої землянки
or it might have been four miles
Або це могло бути чотири милі
she isn't certain how far it was
Вона не впевнена, як далеко це було
It resembles us in some ways
Він чимось схожий на нас
it may even be a relation to us
Це може бути навіть відношення до нас
That is what she thinks
Так вона думає
but this is an error, in my judgement
Але це, на мою думку, помилка
The difference in size suggests it is a new kind of animal
Різниця в розмірах говорить про те, що це новий вид тварин
it is perhaps a fish
Можливо, це риба

though when I put it in the water it sank
хоча, коли я поклав його у воду, він потонув
and she plunged in and snatched it out of the water
І вона пірнула і вихопила його з води
so there was no opportunity for the experiment to determine the matter
Отже, експеримент не мав можливості визначити справу
I still think it is a fish
Я все ще думаю, що це риба
but she is indifferent about what it is
Але їй байдуже, що це таке
and she will not let me have it to try
І вона не дасть мені спробувати
I do not understand this
Я цього не розумію
The coming of the creature seems to have changed her whole nature
Поява істоти, здається, змінила всю її природу
it has made her unreasonable about experiments
Це зробило її нерозсудливою щодо експериментів
She thinks more of it than she does of any of the other animals
Вона думає про це більше, ніж про будь-яку іншу тварину
but she is not able to explain why she likes it so much
Але вона не в змозі пояснити, чому їй так подобається
Her mind is disordered
Її розум невпорядкований
everything shows how disordered her mind is
Все показує, наскільки невпорядкований її розум
Sometimes she carries the fish in her arms half the night
Іноді вона носить рибу на руках півночі
she looks after the fish when it complains
Вона доглядає за рибою, коли вона скаржиться
I think it complains because it wants to get to the water
Я думаю, що він скаржиться, тому що хоче дістатися до води

At such times the water comes out of the places that she looks out of
У такі моменти вода виходить з тих місць, звідки вона дивиться
and she pats the fish on the back and makes soft sounds with her mouth
А вона погладжує рибу по спині і видає ротом тихі звуки
she betrays sorrow and solicitude in a hundred ways
Вона зраджує смуток і турботу сотнями способів
I have never seen her do like this with any other fish
Я ніколи не бачив, щоб вона так робила з будь-якою іншою рибою
and her actions towards the fish trouble me greatly
і її вчинки по відношенню до риби мене дуже турбують
She used to carry the young tigers around like she does with the fish
Вона носила з собою молодих тигрів, як рибу
and she used play with the tigers before we lost our property
І вона гралася з тиграми, перш ніж ми втратили своє майно
but with the tigers she was only playing with them
Але з тиграми вона тільки з ними гралася
she never worried about them when their dinner disagreed with them
Вона ніколи не хвилювалася за них, коли їхня вечеря не погоджувалася з ними

SUNDAY - НЕДІЛЯ
She doesn't work Sundays
У неділю вона не працює
but she lies around all tired out
Але вона лежить вся втомлена
and she likes to have the fish wallow over her
І їй подобається, коли риба валяється над нею
she makes foolish noises to amuse the fish
Вона видає дурні звуки, щоб розважити рибу

and she pretends to chew its paws
І вона вдає, що гризе лапи
the makes the fish laugh
Змушує рибу сміятися
I have not seen a fish before that could laugh
Я ще не бачив риби, яка могла б сміятися
This makes me doubt whether it really is a fish
Це змушує мене сумніватися, чи дійсно це риба
I have come to like Sunday myself
Я сам полюбив неділю
Superintending all the week tires a body so
Нагляд за всім тижнем втомлює організм так
There ought to be more Sundays
Неділь має бути більше
In the old days Sundays were tough
За старих часів неділя була суворою
but now Sundays are very handy to have
але зараз неділя дуже зручна

WEDNESDAY - СЕРЕДА
It isn't a fish
Це не риба
I cannot quite make out what it is
Я не можу зрозуміти, що це таке
It makes curious and devilish noises when not satisfied
Він видає цікаві та диявольські звуки, коли не задоволений
and it says "goo-goo" when it is satisfied
І каже "гу-гу", коли задоволений
It is not one of us, for it doesn't walk
Це не один з нас, бо він не ходить
it is not a bird, for it doesn't fly
Це не птах, бо він не літає
it is not a frog, for it doesn't hop
Це не жаба, бо вона не скаче
it is not a snake, for it doesn't crawl
Це не змія, бо вона не повзає

I feel sure it is not a fish
Я впевнений, що це не риба
but I cannot get a chance to find out whether it can swim or not
але я не можу з'ясувати, чи вміє він плавати чи ні
It merely lies around, mostly on its back, with its feet up
Він просто лежить, переважно на спині, піднявши ноги
I have not seen any other animal do that before
Я не бачив, щоб жодна інша тварина робила це раніше
I said I believed it was an enigma
Я сказала, що вірю, що це загадка
but she only admired the word without understanding it
Але вона тільки захоплювалася цим словом, не розуміючи його
In my judgement it is either an enigma or some kind of a bug
На мою думку, це або загадка, або якась помилка
If it dies, I will take it apart and see what its arrangements are
Якщо він помре, я розберу його і подивлюся, як він влаштований
I never had a thing perplex me so much
У мене ніколи не було такого, що мене так бентежило

- **Three Months Later** -
- Через три місяці –

it is only getting more perplexing, instead of less
Це тільки більше бентежить, а не менше
I sleep but little
Я сплю, але мало
it has ceased from lying around
Вона перестала валятися
it goes about on its four legs now
Тепер він ходить на чотирьох лапах
Yet it differs from the other four-legged animals

І все ж він відрізняється від інших чотириногих тварин
its front legs are unusually short
Передні лапи у нього незвично короткі
this causes the main part of its body to stick up uncomfortably high
Це призводить до того, що основна частина його тіла незручно високо стирчить вгору
and this is not attractive
І це не привабливо
It is built much as we are
Він побудований так само, як і ми
but its method of travelling shows that it is not of our breed
Але його спосіб пересування показує, що він не нашої породи
The short front legs and long hind ones indicate that it is of the kangaroo family
Короткі передні лапи і довгі задні говорять про те, що він з сімейства кенгурових
but it is a marked variation of the species
Але це помітна варіація виду
the true kangaroo hops, but this one never does
Справжній кенгуру стрибає, але цей ніколи не
Still, it is a curious and interesting variety
Все-таки це цікавий і цікавий сорт
and it has not been catalogued before
і раніше він не був занесений до каталогу
As I discovered it, I feel justified in securing the credit of the discovery
Коли я дізнався про це, я відчуваю себе виправданим у тому, щоб закріпити за собою визнання відкриття
and I shall be the one to attach my name to it
і я буду тим, хто прикріпить до нього своє ім'я
so I have called it Kangaroorum Adamiensis
тому я назвав його Kangaroorum Adamiensis

It must have been a young one when it came
Мабуть, це був молодий чоловік, коли він з'явився
because it has grown exceedingly since it came
тому що вона надзвичайно зросла з того часу, як з'явилася
It must be five times as big, now, as it was then
Зараз, мабуть, вона в п'ять разів більша, ніж тоді
when discontented it can make twenty-two to thirty-eight times the noise it made at first
Коли він невдоволений, він може видавати в двадцять два-тридцять вісім разів більше шуму, ніж спочатку
Coercion does not modify this
Примус цього не змінює
if anything, coercion has the contrary effect
У всякому разі, примус має протилежний ефект
For this reason I discontinued the system
З цієї причини я припинив роботу системи
She reconciles it by persuasion
Вона примиряє його вмовляннями
and she gives it things which she had previously told it she wouldn't give it
І вона дає йому те, що раніше сказала йому, вона не дасть йому
As already observed, I was not at home when it first came
Як уже зазначалося, мене не було вдома, коли він тільки з'явився
and she told me she found it in the woods
І вона сказала мені, що знайшла його в лісі
It seems odd that it should be the only one
Здається дивним, що він має бути єдиним
yet it must be the only one
Але вона має бути єдиною
I have worn myself out trying to find another one
Я виснажив себе, намагаючись знайти інший
if I had another one in my collection I could study it better
якби у мене в колекції була ще одна, я могла б вивчити її краще

and then this one would have one of its kind to play with
І тоді в цьому буде єдиний у своєму роді, з яким можна було б пограти
surely, then it would be quieter
Звичайно, тоді було б тихіше
and then we could tame it more easily
І тоді ми могли б легше його приборкати
But I find none, nor any vestige of any
Але я не знаходжу ні жодного, ні слідів будь-якого
and strangest of all, I have found no tracks
і, що найдивніше, я не знайшов жодних слідів
It has to live on the ground
Він змушений жити на землі
it cannot help itself
Вона не може нічого з собою вдіяти,
therefore, how does it get about without leaving a track?
Отже, як це зробити, не сходячи з колії?
I have set a dozen traps
Я розставив десяток пасток
but the traps do no good
Але пастки не приносять користі
I catch all the small animals except that one
Я ловлю всіх дрібних тварин, крім одного
animals that merely go into the trap out of curiosity
тварини, які просто потрапляють у пастку з цікавості
I think they go to see what the milk is there for
Я думаю, що вони йдуть подивитися, для чого там молоко
but they never drink this milk
Але вони ніколи не п'ють це молоко

- Three Months Later -
- Через три місяці -

The kangaroo still continues to grow
Кенгуру все ще продовжує рости
this continual growth is very strange and perplexing
Це безперервне зростання дуже дивне і бентежить
I never knew any animal to spend so much time growing
Я ніколи не знав жодної тварини, яка б витрачала стільки часу на вирощування
It has fur on its head now, but not like kangaroo fur
Зараз у нього є хутро на голові, але не таке, як у кенгуру
it's exactly like our hair, but finer and softer
Воно точнісінько таке ж, як наше волосся, але тонше і м'якше
and instead of being black its fur is red
І замість того, щоб бути чорним, його хутро руде
I am like to lose my mind over this zoological freak
Я наче втрачаю розум через цього зоологічного виродка
the capricious and harassing developments are unclassifiable
Примхливі та настирливі події не піддаються класифікації
If only I could catch another one
Якби я міг зловити ще одного
but it is hopeless trying to find another
Але безнадійно намагатися знайти інше
I have to accept that it is a new variety
Мушу визнати, що це новий сорт
it is the only sample, this is plain to see
Це єдиний зразок, це видно
But I caught a true kangaroo and brought it in
Але я зловив справжнього кенгуру і приніс його
I thought that this one might be lonesome
Я подумала, що цей може бути самотнім
so it might prefer to have a kangaroo for company
Тому він може віддати перевагу завести кенгуру для

компанії
otherwise it would have no kin at all
Інакше у нього взагалі не було б спорідненості
and it would have no animal that it could feel a nearness to
І не було б у нього жодної тварини, до якої він міг би відчути близькість
this way it might get sympathy for its forlorn condition among strangers
Таким чином він може викликати співчуття до свого занедбаного стану серед чужинців
strangers who do not know its ways or habits
чужі люди, які не знають її звичок
strangers who do not know how to make it feel that it is among friends
незнайомі люди, які не знають, як зробити так, щоб він відчував, що він серед друзів
but it was a mistake
Але це було помилкою
it went into terrible fits at the sight of the kangaroo
Він перейшов у жахливі припадки при вигляді кенгуру
I am convinced it had never seen a kangaroo before
Я переконаний, що він ніколи раніше не бачив кенгуру
I pity the poor noisy little animal
Мені шкода бідного галасливого звірятка
but there is nothing I can do to make it happy
але я нічого не можу зробити, щоб зробити його щасливим
I would like to tame it, but that is out of the question
Хотілося б його приборкати, але про це не може бути й мови
the more I try, the worse I seem to make it
чим більше я намагаюся, тим гірше, здається, у мене виходить
It grieves me to the heart to see it in its little storms of sorrow and passion
Мене засмучує до глибини душі, коли я бачу його в його

маленьких бурях смутку і пристрасті
I wanted to let it go, but she wouldn't hear of it
Я хотіла його відпустити, але вона про це не чула
That seemed cruel and not like her
Це здавалося жорстоким і не схожим на неї
and yet she may be right
І все ж вона може мати рацію
It might be lonelier than ever
Можливо, це буде самотньо, як ніколи
if I cannot find another one, how could it not be lonely?
якщо я не можу знайти іншу, як вона може бути самотньою?

- **Five Months Later -**
- П'ять місяців потому –

It is not a kangaroo
Це не кенгуру
holding her fingers it goes a few steps on its hind legs
Тримаючи її за пальці, вона робить кілька кроків на задніх лапах
and then it falls down again
А потім знову падає вниз
so it is probably some kind of a bear
Так що, напевно, це якийсь ведмідь
and yet it has no tail, as yet
І все ж хвоста у нього поки що немає
and it has no fur, except on its head
І хутра в нього немає, хіба що на голові
It still keeps on growing, which is very interesting
Він продовжує рости досі, що дуже цікаво
bears get their growth earlier than this
Ведмеді починають своє зростання раніше, ніж це
Bears are dangerous since our catastrophe
Ведмеді небезпечні з часів нашої катастрофи
soon it will have to have a muzzle on

Скоро на ньому доведеться намордник
otherwise I won't feel safe around it
інакше я не почуваюся в безпеці поруч із ним
I have offered to get her a kangaroo if she would let this one go
Я запропонував купити їй кенгуру, якщо вона відпустить цього
but she did not appreciate my offer
Але вона не оцінила мою пропозицію
she is determined to run us into all sorts of foolish risks
Вона сповнена рішучості наражати нас на всілякі безглузді ризики
she was not like this before she lost her mind
Вона не була такою до того, як з'їхала з глузду

- A Fortnight Later -
- Через два тижні –

I examined its mouth
Я оглянув його рот
There is no danger yet; it has only one tooth
Небезпеки поки що немає; У нього всього один зуб
It has no tail yet
Хвоста у нього ще немає
It makes more noise now than it ever did before
Зараз він створює більше шуму, ніж будь-коли раніше
and it makes the noise mainly at night
А шумить переважно вночі
I have moved out
Я виїхав
But I shall go over in the mornings to breakfast
Але я піду вранці на сніданок
then I will see if it has more teeth
тоді я подивлюся, чи буде у нього більше зубів
If it gets a mouthful of teeth, it will be time for it to go
Якщо у нього з'явиться повний рот зубів, настане час йому

піти
I won't make an exception if it has no tail
Я не буду робити винятків, якщо у нього немає хвоста
bears do not need tails in order to be dangerous
Ведмедям хвости не потрібні, щоб бути небезпечними

- Four Months Later -
- Через чотири місяці –

I have been off hunting and fishing a month
Я місяць був на полюванні та риболовлі
up in the region that she calls Buffalo
в регіоні, який вона називає Буффало
I don't know why she has called it Buffalo
Я не знаю, чому вона назвала його Буйволом
it could be because there are not any buffaloes there
Це може бути пов'язано з тим, що там немає буйволів
the bear has learned to paddle around all by itself
Ведмідь навчився веслувати сам
it can walk on its hind legs
Може ходити на задніх лапах
and it says "daddy" and "mummy" to us
І там нам написано «тато» і «мама»
It is certainly a new species
Це, безумовно, новий вид
This resemblance to words may be purely accidental, of course
Звичайно, ця схожість зі словами може бути чисто випадковою
it may be that its words have no purpose or meaning
Можливо, його слова не мають ні мети, ні сенсу
but even in that case it would still be extraordinary
Але навіть у цьому випадку це все одно було б екстраординарно
using words is something which no other bear can do
Використання слів – це те, чого не вміє жоден інший

ведмідь
This imitation of speech sufficiently indicates that this is a new kind of bear
Така імітація мови в достатній мірі вказує на те, що це новий вид ведмедя
add to that the general absence of fur
Додайте до цього загальну відсутність хутра
and consider the entire absence of a tail
і врахуйте повну відсутність хвоста
further study of it will be exceedingly interesting
Подальше його вивчення буде надзвичайно цікавим
Meantime I will go off on a far expedition among the forests of the North
А я тим часом піду в далеку експедицію серед лісів Півночі
there I will make a more exhaustive search
там я зроблю більш вичерпний пошук
There must certainly be another one somewhere
Десь неодмінно має бути ще один
this one will be less dangerous when it has company of its own species
Цей буде менш небезпечним, коли у нього буде компанія свого виду
I will go straightway
Я піду негайно,
but I will muzzle this one first
але я спершу наткну рота цьому

- **Three Months Later -**
- Через три місяці -

It has been a weary, weary hunt
Це було виснажливе, виснажливе полювання
yet I have had no success
але я не досяг успіху
while I was gone she caught another one!
поки мене не було, вона зловила ще одного!

and she didn't even leave the estate
І вона навіть не виходила з маєтку
I never saw such luck
Я ніколи не бачив такої удачі
I might have hunted these woods a hundred years without finding one
Я міг би полювати на ці ліси сто років, так і не знайшовши

Next Day
Наступного дня
I have been comparing the new one with the old one
Я порівнював новий зі старим
it is perfectly plain that they are the same breed
Абсолютно ясно, що це одна і та ж порода
I was going to stuff one of them for my collection
Одну з них я збирався набити для своєї колекції
but she is prejudiced against it for some reason
Але вона чомусь упереджено ставиться до цього
so I have relinquished the idea
тому я відмовився від цієї ідеї
but I think it is a mistake
але я вважаю, що це помилка
It would be an irreparable loss to science if they should get away
Це буде непоправною втратою для науки, якщо вони підуть геть
The old one is tamer than it was
Старий приборканіший, ніж був
now it can laugh and talk like the parrot
Тепер він може сміятися і розмовляти, як папуга
I have no doubt that it has learned this from the parrot
Я не сумніваюся, що він навчився цьому у папуги
I calculate it has a great amount of the imitative faculty
Я підрахував, що він має велику кількість імітаційних здібностей
I shall be astonished if it turns out to be a new kind of parrot

Я здивуюся, якщо це виявиться новий вид папуг
and yet I ought not to be astonished
і все ж я не повинен дивуватися
because it has already been everything else it could think of
Тому що це вже було все, що він міг придумати
The new one is as ugly now as the old one was at first
Новий зараз такий же потворний, як і старий спочатку
it has the same sulphur complexion
Він має такий же сірчаний колір
and it has the same singular head without any fur on it
І в нього така ж єдина голова без хутра
She calls the new one Abel
Нового вона називає Авель

- **Ten Years Later** -
- Десять років потому –

They are boys; we found it out long ago
Це хлопчики; Ми давно це з'ясували
It was their coming in that small, immature shape that puzzled us
Саме їхній прихід у тій маленькій, незрілій формі спантеличив нас
we were not used to animals being so small for so long
Ми не звикли, що тварини так довго бувають такими маленькими
There are some girls now
Зараз є кілька дівчат
Abel is a good boy
Авель – хороший хлопчик
but if Cain had stayed a bear it would have improved him
Але якби Каїн залишився ведмедем, то це б його поліпшило

After all these years I realize I had made a mistake
Після стількох років я розумію, що зробив помилку
I see that I was initially mistaken about Eve
Я бачу, що спочатку помилявся щодо Єви
it is better to live outside the Garden with her than inside it without her
краще жити з нею поза Садом, ніж всередині нього без неї
At first I thought she talked too much
Спочатку я подумала, що вона занадто багато говорить
but now I should be sorry to have that voice fall silent
але тепер мені було б шкода, що цей голос замовк

I wouldn't want that voice to pass out of my life
Я б не хотів, щоб цей голос зник з мого життя
Blessed be the chestnut that brought us together
Благословенний каштан, що нас об'єднав
this chestnut has taught me to know the goodness of her heart
Цей каштан навчив мене пізнавати доброту її серця
this chestnut has taught me the sweetness of her spirit!
Цей каштан навчив мене солодкості її духу!

- Eve's Diary -
- Щоденник Єви –

Translated from the original, by Mark Twain
Переклад з оригіналу, Марк Твен

SATURDAY - СУБОТА
I am almost a whole day old, now
Мені майже цілий день, зараз
I arrived yesterday
Я приїхав вчора
That is as it seems to me
Це так, як мені здається
And it must be so

І так має бути
perhaps there was a day-before-yesterday
Можливо, був позавчора
but I was not there when it happened
але мене не було там, коли це сталося
if I had been there I would remember it
якби я був там, я б це запам'ятав
It could be, of course, that it did happen
Звичайно, може бути, що це сталося
and it could be that I was not noticing
і може бути, що я цього не помічав
Very well; I will be very watchful now
Дуже добре; Зараз я буду дуже пильним
if a day-before-yesterday happen I will make a note
якщо трапиться позавчора, я зроблю нотатку;
It will be best to start right
Найкраще буде почати правильно
and it's best not to let the record get confused
І краще не дозволяти запису заплутатися
I feel these details are going to be important
Я відчуваю, що ці деталі будуть важливими
my instincts are telling me this
Мої інстинкти підказують мені це
they might be important to historians some day
Колись вони можуть бути важливими для істориків
For I feel like an experiment
Бо я відчуваю себе експериментом
I feel exactly like an experiment
Я відчуваю себе точно як експеримент
a person can't feel more like an experiment than I do
людина не може відчувати себе більше схожим на експеримент, ніж я
it would be impossible to feel more like an experiment
Було б неможливо відчути себе більше схожим на експеримент
and so I am coming to feel convinced that is what I am

і тому я приходжу, щоб переконатися, що це те, що я є
I am an experiment
Я експеримент
just an experiment and nothing more
просто експеримент і не більше того

Then, if I am an experiment, am I the whole of it?
Тоді, якщо я експеримент, чи я весь це?
No, I think I am not the whole experiment
Ні, я думаю, що я не весь експеримент
I think the rest of it is part of the experiment too
Я думаю, що решта також є частиною експерименту
I am the main part of the experiment
Я основна частина експерименту

but I think the rest of it has its share in the matter
але я думаю, що решта має свою частку в цьому питанні
Is my position in the experiment assured?
Чи гарантована моя позиція в експерименті?
or do I have to watch my position and take care of it?
або я повинен стежити за своєю позицією і піклуватися про неї?
I think it is the latter, perhaps
Я думаю, що це останнє, можливо
Some instinct tells me guard my role
Якийсь інстинкт підказує мені охороняти свою роль
eternal vigilance is the price of supremacy
Вічна пильність - ціна верховенства
That is a good phrase, I think
Я думаю, що це хороша фраза
it is especially good for someone so young
Це особливо добре для когось такого молодого

Everything looks better today than it did yesterday
Сьогодні все виглядає краще, ніж вчора
there had been a great rush of finishing up the mountains
Був великий поспіх закінчити гори
so things had been left in a ragged condition
Отже, речі були залишені в рваному стані
and the open plains were so cluttered that
А відкриті рівнини були настільки захаращені, що
all the aspects and proportions were quite distressing
Всі аспекти і пропорції були досить тривожними
because they still had rubbish and remnants
Тому що в них все ще залишалося сміття і залишки
Noble and beautiful works of art should not be rushed
Благородні і красиві твори мистецтва не варто поспішати
and this majestic new world is indeed a work of art
І цей величний новий світ дійсно є витвором мистецтва
I can tell it has been made to be noble and beautiful
Я можу сказати, що вона була зроблена, щоб бути благородною і красивою
and it is certainly marvellously near to being perfect
І вона, безумовно, дивовижно близька до досконалості
notwithstanding the shortness of the time
незважаючи на короткість часу
There are too many stars in some places
У деяких місцях занадто багато зірок
and there are not enough stars in other places
А зірок не вистачає і в інших місцях
but that can be remedied soon enough, no doubt
Але це можна виправити досить скоро, без сумніву
The moon got loose last night and slid down
Місяць розхитався минулої ночі і скотився вниз
it fell out of the scheme
Воно випало зі схеми
this was a very great loss
Це була дуже велика втрата
it breaks my heart to think of it

Мені розбивається серце, коли я думаю про це
among the ornaments and decorations it is unique
Серед орнаментів і прикрас він унікальний
nothing is comparable to it for beauty and finish
Ніщо не зрівняється з ним по красі і обробці
It should have been held in place better
Вона повинна була краще триматися на місці
I wish we could get it back again
Я хотів би, щоб ми могли повернути його знову

But there is no telling where it went to
Але невідомо, куди вона поділася
And besides, whoever gets it will hide it

І крім того, той, хто його отримає, приховає це
I know it because I would do it myself
Я знаю це, тому що я б зробив це сам
I believe I can be honest in all other matters
Я вірю, що можу бути чесним у всіх інших питаннях
but I already begin to realize something;
але я вже починаю щось усвідомлювати;
the core of my nature is love of the beautiful
Стрижень моєї природи - любов до прекрасного
I have a passion for the beautiful
У мене є пристрасть до прекрасного
so it would not be safe to trust me with a moon
Так що довіряти мені місяць було б небезпечно
I could give up a moon that I found in the daytime
Я міг відмовитися від місяця, який знайшов вдень
because I would be afraid someone was looking
тому що я б боявся, що хтось шукає
but if I found a moon in the dark I would keep it
але якби я знайшов місяць у темряві, я б його зберіг
I am sure I could find some kind of an excuse
Я впевнений, що міг би знайти якесь виправдання
I would find a way to not say anything about it
Я б знайшов спосіб нічого не говорити про це
because I do love moons
тому що я *люблю місяці*
they are so pretty and so romantic
Вони такі гарні і такі романтичні
I wish we had five or six of them
Я хотів би, щоб у нас їх було п'ять чи шість
I would never go to bed
Я б ніколи не ліг спати
I would never get tired lying on the moss-bank
Я б ніколи не втомився лежати на моховому березі
and I would always be looking up at them
і я завжди дивився б на них

Stars are good, too
Зірки теж хороші
I wish I could get some to put in my hair
Я хотів би отримати дещо, щоб покласти волосся
But I suppose I can never do that
Але я вважаю, що ніколи не зможу цього зробити
it's surprising how far away they are
Дивно, як далеко вони знаходяться
because they do not look like they're far away
тому що вони не виглядають так, ніби вони далеко;
they first showed themselves last night
Вперше вони показали себе минулої ночі
I tried to knock some down with a pole

Я намагався збити деяких жердиною
but it didn't reach, which astonished me;
але вона не дійшла до того, що мене здивувало;
then I tried throwing clods at them
потім я спробував кинути в них грудки
I tried this till I was all tired out
Я пробував це, поки не втомився
but I never managed to get one
але мені так і не вдалося його отримати
It must be because I am left-handed
Мабуть, тому, що я лівша
because of this I cannot throw good
через це я не можу кинути добро
though I did make some close shots
хоча я зробив кілька близьких знімків
I saw the black blot of the clod
Я побачив чорну пляму грудки
it sailed right into the midst of the golden clusters
Він поплив прямо посеред золотих грон
I must have tried forty or fifty times
Мабуть, я спробував сорок чи п'ятдесят разів
and I just barely missed them
і я ледве скучив за ними
perhaps I should have held out a little longer
можливо, мені слід було протриматися трохи довше
and then I might have got one
і тоді я, можливо, отримав би його

So I cried a little, which was natural
Тому я трохи поплакав, що було природно
I suppose it is natural for one of my age
Я вважаю, що це природно для одного з моїх років
and after I was rested I got a basket
і після того, як я відпочив, я отримав кошик
I went to a hill on the extreme rim of the circle
Я пішов на пагорб на крайньому краю кола
there the stars should be closer to the ground
Там зірки повинні бути ближче до землі
perhaps if I was there I could get them
можливо, якби я був там, я міг би їх отримати
then I could get them with my hands

тоді я міг дістати їх руками
this would be better anyway
Це було б краще в будь-якому випадку
because then I could gather them tenderly
тому що тоді я міг би ніжно зібрати їх
and I would not break them
і я б їх не зламав
But it was farther than I thought
Але це було далі, ніж я думав
and at last I had to give it up
і нарешті мені довелося від цього відмовитися
I was so tired from all my trying
Я так втомився від усіх своїх спроб
I couldn't drag my feet another step
Я не міг тягнути ноги ні на крок
and besides, my feet were sore
А крім того, боліли ноги
and my feet hurt me very much
і ноги мене дуже болять
I couldn't get back home
Я не міг повернутися додому
it was late, and turning cold
Було пізно, і стало холодно
but I found some tigers
але я знайшов кілька тигрів
and I nestled in among them
і я розташувався серед них
and it was most adorably comfortable
І це було чарівно комфортно
and their breath was sweet and pleasant
І дихання у них було солодким і приємним
because they live on a diet of strawberries
тому що вони живуть на дієті з полуниці
I had never seen a tiger before
Я ніколи раніше не бачив тигра
but I knew straight away by their stripes

але я відразу зрозумів по їхніх смужках
If only I could have one of those skins
Якби я міг мати одну з цих шкур
it would make a lovely gown
Це зробило б чудову сукню

Today I am getting better ideas about distances
Сьогодні я отримую кращі уявлення про відстані
I was so eager to get hold of every pretty thing
Мені так хотілося заволодіти кожною гарною річчю
I was so eager that I giddily grabbed for it
Мені так хотілося, що я хитро хапався за це
sometimes I grabbed for it when it was too far away

іноді я хапався за нього, коли він був занадто далеко
and I grabbed for it when it was but six inches away
і я схопився за нього, коли це було лише за шість дюймів
I even grabbed for it when it was between thorns!
Я навіть хапався за нього, коли він був між колючками!
I learned a lesson and I made an axiom
Я вивчив урок і склав аксіому
I made it all out of my own head
Я все це зробив з власної голови
it is my very first one
Це мій найперший
THE SCRATCHED EXPERIMENT SHUNS THE THORN
ПОДРЯПАНИЙ ЕКСПЕРИМЕНТ ЦУРАЄТЬСЯ КОЛЮЧКИ
I think it is a very good axiom for one so young
Я думаю, що це дуже хороша аксіома для такої молодої людини

last afternoon I followed the other experiment around
вчора вдень я стежив за іншим експериментом навколо
I kept a distance, to see what it might be for
Я тримав дистанцію, щоб подивитися, для чого це може бути
But I was not able to establish its use
Але мені не вдалося встановити його використання
I think it is a man
Я думаю, що це чоловік
I had never seen a man
Я ніколи не бачив чоловіка
but it looked like a man
Але це було схоже на людину
and I feel sure that that is what it is
і я впевнений, що це те, що є
I realized something strange about this man
Я зрозумів щось дивне в цій людині
I feel more curiosity about it than the other reptiles

Я відчуваю більше цікавості до цього, ніж інші рептилії
I'm assuming it is a reptile
Я припускаю, що це рептилія
because it has frowzy hair and blue eyes
тому що у нього пухке волосся і блакитні очі
and it looks like a reptile
І так виглядає рептилія
It has no hips and tapers like a carrot when it stands
Він не має стегон і звужується, як морква, коли стоїть
it spreads itself apart like a derrick
Він розтікається, як деррік
so I think it is a reptile
тому я думаю, що це рептилія
although it may be architecture
хоча це може бути архітектура

I was afraid of it at first
Спочатку я цього боявся
and I started to run every time it turned around
і я почав бігти щоразу, коли він розвертався
because I thought it was going to chase me
тому що я думав, що це буде переслідувати мене
but by and by I found it was only trying to get away
але мимохідь я виявив, що він лише намагався втекти
so after that I was not timid any more
тому після цього я вже не був боязким
but I tracked behind it by about twenty yards
але я відстежив за ним ярдів двадцять
I tracked it for several hours
Я відстежував його кілька годин
this made it nervous and unhappy
Це змусило його нервувати і нещасний
At last it was a good deal worried, and climbed a tree
Нарешті він дуже занепокоївся і заліз на дерево
I waited a good while
Я довго чекав
then gave it up and went home
Потім кинув його і пішов додому

SUNDAY - НЕДІЛЯ
Today the same thing happened
Сьогодні сталося те ж саме
I got it up the tree again
Я знову підняв його на дерево
It is still up there
Він все ще там;
and it is resting, apparently
І відпочиває, мабуть
But that is a subterfuge
Але це хитрість
Sunday isn't the day of rest
Неділя - не день відпочинку
Saturday is appointed for that

Для цього призначена субота
It looks to me like a strange creature
Мені це здається дивною істотою
it is more interested in resting than in anything else
Його цікавить відпочинок більше, ніж що-небудь інше
It would tire me to rest so much
Це так втомило б мене відпочивати
It tires me just to sit around and watch the tree
Мене стомлює просто сидіти і спостерігати за деревом
I do wonder what it is for
Мені цікаво, для чого це потрібно
I never see it do anything
Я ніколи не бачу, щоб це щось робило

They returned the moon last night
Вони повернули місяць минулої ночі
and I was SO happy!
і я був ТАКИЙ щасливий!
I think it is very honest of them
Я думаю, що це дуже чесно з них
It slid down and fell off again
Він сповз вниз і знову зірвався
but I was not distressed
але я не засмутився;
there is no need to worry
Хвилюватися не потрібно
when one has such kind neighbours, they will fetch it back
Коли у когось є такі добрі сусіди, вони принесуть його назад
I wish I could do something to show my appreciation
Я хотів би зробити щось, щоб висловити свою вдячність
I would like to send them some stars
Я хотів би надіслати їм кілька зірочок
because we have more than we can use
тому що у нас є більше, ніж ми можемо використовувати
I do mean to say I, not we
Я хочу сказати, що я, а не ми
I can see that the reptile cares nothing for such things
Я бачу, що рептилія нічого не піклується про такі речі
It has low tastes and it is not kind
Має низькі смакові якості і не є добрим
I went there yesterday evening
Я поїхав туди вчора ввечері
in the evening it had crept down
Увечері вона поповзла вниз
and it was trying to catch the little speckled fishes
І воно намагалося зловити маленьких крапчастих рибок
the little fishes that play in the pool
Маленькі рибки, які грають в басейні
and I had to clod it

і мені довелося його зім'яти
in order to make it go up the tree again
для того, щоб він знову піднявся вгору по дереву
and then it left them alone
А потім це залишило їх у спокої
I wonder if that is what it is for?
Цікаво, чи це те, для чого він потрібен?
Hasn't it any heart?
Хіба це не серце?
Hasn't it any compassion for the little creature?
Хіба це не співчуття до маленького створіння?
was it designed and manufactured for such ungentle work?
Чи був він розроблений і виготовлений для такої недбайливої роботи?
It has the look of being made for silly things
Він має вигляд створеного для дурних речей
One of the clods hit the back of its ear
Один з грудок потрапив в задню частину вуха
and it used language, which gave me a thrill
І він використовував мову, що викликало у мене гострі відчуття
for it was the first time I had ever heard speech
бо це був перший раз, коли я почув мову
it was the first speech I heard except my own
це була перша промова, яку я почув, крім моєї власної
I did not understand the words
Я не розумів слів
but the words seemed expressive
Але слова здавалися виразними

When I found it could talk I felt a new interest in it
Коли я зрозумів, що він може говорити, я відчув новий інтерес до нього
because I love to talk more than anything
тому що я люблю говорити більше всього на світі
I like to talk all day
Я люблю говорити цілий день
and in my sleep I talk too
і уві сні я теж розмовляю
and I am very interesting
і мені дуже цікаво
but if I had another to talk to I could be twice as interesting
але якби мені було з ким поговорити, я міг би бути вдвічі цікавішим
and I would never stop talking
і я б ніколи не перестав говорити

If this reptile is a man, it isn't an it, is it?
Якщо ця рептилія - людина, то це не воно, чи не так?
That wouldn't be grammatical, would it?
Це не було б граматично, чи не так?
I think it would be he
Я думаю, що це був би він
In that case one would parse it thus:
У цьому випадку можна розібрати його таким чином:
nominative; he
називний; він
dative; him
датівний; Його
possessive; his
присвійний; його

Well, I will consider it a man
Що ж, я буду вважати його чоловіком
and I will call it he until it turns out to be something else
і я буду називати це ним, поки це не виявиться чимось іншим
This will be handier than having so many uncertainties
Це буде зручніше, ніж мати стільки невизначеностей

NEXT WEEK SUNDAY
НАСТУПНОГО ТИЖНЯ НЕДІЛЯ

All the week I tagged around after him
Весь тиждень я мітила за ним
and I tried to get acquainted with him
і я намагався з ним познайомитися
I had to do the talking because he was shy
Мені довелося говорити, тому що він соромився
but I didn't mind talking
але я був не проти поговорити
He seemed pleased to have me around
Здавалося, йому було приємно мати мене поруч
and I used the sociable 'we' a good deal
і я багато використовував товариські «ми»
because it seemed to flatter him to be included
тому що це, здавалося, лестило йому, щоб бути включеним

WEDNESDAY - СЕРЕДА
We are getting along very well now
Зараз ми дуже добре ладнаємо
and we're getting better and better acquainted
І ми стаємо все краще і краще знайомимося
He does not try to avoid me any more, which is a good sign
Він більше не намагається уникати мене, що є хорошим знаком
and it shows that he likes to have me with him, which pleases me
І це показує, що йому подобається мати мене з собою, що мене радує
and I study to be useful to him

і я вчуся, щоб бути корисним йому;
I want to be useful in every way I can
Я хочу бути корисним усіма можливими способами
so as to increase his regard of me
щоб збільшити його ставлення до мене

During the last day or two
Протягом останніх днів-двох
I have taken all the work of naming things off his hands
Я взяв всю роботу з іменування речей з його рук
and this has been a great relief to him
І це стало для нього великим полегшенням
for he has no gift in that line of work

бо Він не має дару в цій роботі
and he is evidently very grateful
І він, очевидно, дуже вдячний
He can't think of a rational name to save himself
Він не може придумати раціонального імені, щоб врятувати себе
but I do not let him see that I am aware of his defect
але я не даю йому побачити, що я знаю про його дефект
Whenever a new creature comes along I name it
Щоразу, коли з'являється нова істота, я називаю її
before he has time to expose himself by an awkward silence
перш ніж він встигне викрити себе незручним мовчанням
In this way I have saved him many embarrassments
Таким чином я врятував його від багатьох незручностей
I have no defect like this
У мене немає такого дефекту
The minute I set eyes on an animal I know what it is
У ту хвилину, коли я подивився на тварину, я знаю, що це таке
I don't have to reflect even for a moment
Мені не потрібно розмірковувати ні на мить
the right name comes out instantly
Правильна назва виходить миттєво
just as if it were an inspiration
так само, ніби це натхнення
I have no doubt it is
Я не сумніваюся, що це так
because I am sure it wasn't in me half a minute before
тому що я впевнений, що цього не було в мені півхвилини раніше
I seem to know just by the shape of the creature
Здається, я знаю лише за формою істоти
and I know the way it acts what animal it is
і я знаю, як він діє, яка це тварина

When the dodo came along he thought it was a wildcat
Коли з'явився додо, він подумав, що це дика кішка
I saw it in his eyes
Я бачив це в його очах
But I saved him from embarrassment
Але я врятував його від збентеження
I was careful not to do it in a way that could hurt his pride
Я був обережний, щоб не зробити це так, щоб зашкодити його гордості
I just spoke up as if pleasantly surprised
Я просто заговорив, ніби приємно здивований
I didn't speak as if I was dreaming of conveying information
Я говорив не так, ніби мріяв донести інформацію

"Well, I do declare, if there isn't the dodo!"
- Ну, я заявляю, якщо немає додо!
I explained without seeming to be explaining
Я пояснив, не думаючи про пояснення
I explained how I knew it was a dodo
Я пояснив, звідки знав, що це додо
I thought maybe he was a little piqued
Я подумав, що, можливо, він трохи розлючений
I knew the creature when he didn't
Я знав цю істоту, коли він цього не робив
but it was quite evident that he admired me
Але було цілком очевидно, що він захоплюється мною
That was very agreeable
Це було дуже приємно
and I thought of it more than once with gratification before I slept
і я не раз думав про це із задоволенням, перш ніж спати
How little a thing can make us happy
Як мало що може зробити нас щасливими
we're happy when we feel that we have earned it!
Ми щасливі, коли відчуваємо, що заслужили це!

THURSDAY - ЧЕТВЕР
my first sorrow
Моє перше горе,
Yesterday he avoided me
Вчора він уникав мене
and he seemed to wish I would not talk to him
і він, здавалося, хотів, щоб я не розмовляв з ним
I could not believe it
Я не міг у це повірити
and I thought there was some mistake
і я подумав, що сталася якась помилка
because I loved to be with him
тому що я любив бути з ним
and loved to hear him talk
і любив слухати, як він розмовляє
and so how could it be that he could feel unkind toward me?
І як же могло бути, що він міг відчувати недобре ставлення до мене?
I had not done anything wrong
Я не зробив нічого поганого
But it seemed true, so I went away
Але це здавалося правдою, тому я пішов
and I sat lonely in the place where I first saw him
і я самотньо сидів на тому місці, де вперше побачив його
on the morning that we were made
вранці, коли нас зробили
when I did not know what he was
коли я не знав, що це таке
when I was still indifferent about him
коли я ще була байдужа до нього
but now it was a mournful place
Але тепер це було скорботне місце
and every little thing spoke of him
і кожна дрібниця говорила про нього
and my heart was very sore
І моє серце дуже боліло

I did not really know why I was feeling like this
Я насправді не знав, чому я так почуваюся
because it was a new feeling
Тому що це було нове відчуття
I had not experienced it before
Раніше я цього не відчував
and it was all a mystery to me
І все це було для мене загадкою
and I could not make sense of it
і я не міг зрозуміти це

But when night came I could not bear the lonesomeness
Але коли настала ніч, я не міг витримати самотності
I went to the new shelter which he had built
Я пішов до нового притулку, який він побудував
I went to ask him what I had done that was wrong
Я пішов запитати його, що я зробив, що було неправильним
and I wanted to know how I could mend it
і я хотів знати, як я можу це виправити
I wanted to get back his kindness again
Я хотів знову повернути його доброту
but he put me out in the rain
але він загасив мене під дощем
and it was my first sorrow
І це було моє перше горе

SUNDAY - НЕДІЛЯ
It is pleasant again and now I am happy
Знову приємно і тепер я щаслива
but those were heavy days
Але то були важкі дні
I do not think of those days when I can help it
Я не думаю про ті дні, коли я можу цьому допомогти

I tried to get him some of those apples
Я намагався дістати йому кілька з цих яблук
but I cannot learn to throw straight
але я не можу навчитися кидати прямо
I failed, but I think the good intention pleased him
Я зазнав невдачі, але, думаю, добрий намір порадував його
They are forbidden
Вони заборонені
and he says I would come to harm if I ate one
і він каже, що я прийду на шкоду, якщо з'їм його
but then I would come to harm through pleasing him
але тоді я прийду до шкоди, догодивши йому
why should I care for that harm?
чому я повинен піклуватися про цю шкоду?

MONDAY
ПОНЕДІЛОК
This morning I told him my name
Сьогодні вранці я сказав йому своє ім'я
I hoped it would interest him
Я сподівався, що це його зацікавить
But he did not care for it, which is strange
Але він не дбав про це, що дивно
If he should tell me his name I would care
Якби він сказав мені своє ім'я, мені було б цікаво
I think it would be pleasanter in my ears than any other sound
Я думаю, що це було б приємніше в моїх вухах, ніж будь-який інший звук

He talks very little
Він дуже мало розмовляє
Perhaps it is because he is not bright
Можливо, це тому, що він не яскравий
and maybe he is sensitive about his intellect
І, можливо, він чутливий до свого інтелекту
it could be that he wishes to conceal it
Можливо, він хоче це приховати
It is such a pity that he should feel this way
Дуже шкода, що він повинен так себе почувати
because intelligence is nothing
Тому що інтелект - це ніщо
it is in the heart that the values lie

Саме в серці лежать цінності
I wish I could make him understand
Я хотів би, щоб він зрозумів
a loving good heart is riches
Любляче добре серце - це багатство
intellect without a good heart is poverty
Інтелект без доброго серця - бідність
Although he talks so little, he has quite a considerable vocabulary
Хоча він так мало говорить, у нього досить значний словниковий запас
This morning he used a surprisingly good word
Сьогодні вранці він використав напрочуд добре слово
He evidently recognized that it was a good one
Він, очевидно, усвідомлював, що це було добре
because he made sure to use the word a couple more times
тому що він обов'язково використав це слово ще пару разів
it showed that he possesses a certain quality of perception
Вона показала, що він володіє певною якістю сприйняття
Without a doubt that seed can be made to grow, if cultivated
Без сумніву, що насіння можна змусити рости, якщо культивувати
Where did he get that word?
Звідки він взяв це слово?
I do not think I have ever used that word
Я не думаю, що коли-небудь використовував це слово
No, he took no interest in my name
Ні, він не цікавився моїм ім'ям
I tried to hide my disappointment
Я намагався приховати своє розчарування
but I suppose I did not succeed
але я вважаю, що мені це не вдалося

I went away and sat on the moss-bank
Я пішов і сів на мох-банку
and I put my feet into the water
і я опустив ноги у воду
It is where I go when I hunger for companionship
Саме туди я йду, коли прагну товариства
when I want someone to look at
коли я хочу, щоб хтось подивився
when I want someone to talk to
коли я хочу, щоб хтось поговорив
the lovely white body painted in the pool is not enough
Милого білого тіла, пофарбованого в басейні, недостатньо
but it is something, at least
Але це щось, принаймні
and something is better than utter loneliness
І щось краще, ніж повна самотність

It talks when I talk
Він говорить, коли я говорю
it is sad when I am sad
сумно, коли мені сумно
it comforts me with its sympathy
Вона втішає мене своєю симпатією
it says, "Do not be downhearted, you poor friendless girl"
в ньому сказано: "Не будь пригніченим, ти, бідна бездружня дівчина"
"I will be your friend"
"Я буду твоїм другом"
It is a good friend to me
Це хороший друг для мене
it is my only friend and my sister
Це мій єдиний друг і моя сестра

I shall never forget first time she forsook me!
Я ніколи не забуду, коли вона вперше покинула мене!
My heart was heavy in my body!
Моє серце було важким у тілі!
I said, "She was all I had"

Я сказав: "Вона була всім, що я мав"
"and now she is gone!"
- А тепер її немає!
In my despair I said "Break, my heart"
У своєму розпачі я сказав: "Розбийте моє серце"
"I cannot bear my life any more!"
"Я більше не можу терпіти своє життя!"
and I hid my face in my hands
і я сховав своє обличчя в руках
and there was no solace for me
і не було для мене розради
And when I took my hands away from my face
І коли я відвів руки від обличчя
and after a little, there she was again
А через деякий час вона знову була там
white and shining and beautiful
біла і сяюча і красива
and I sprang into her arms
і я встав їй на руки

That was perfect happiness
Це було досконале щастя
I had known happiness before, but it was not like this
Я знав щастя і раніше, але воно було не таким
this happiness was ecstasy
Це щастя було екстазом
I never doubted her afterwards
Я ніколи не сумнівався в ній після цього
Sometimes she stayed away for perhaps an hour
Іноді вона трималася осторонь, можливо, на годину
maybe she was gone almost the whole day
Можливо, її не було майже цілий день
but I waited and I did not doubt her return
але я чекав і не сумнівався в її поверненні
I said, "She is busy" or "she is gone on a journey"
Я сказав: "Вона зайнята" або "Вона вирушила в подорож"
but I know she will come back, and she always did
але я знаю, що вона повернеться, і вона завжди так робила
At night she would not come if it was dark
Вночі вона б не прийшла, якщо було темно
because she was a timid little thing
Тому що вона була боязкою дрібницею
but if there was a moon she would come
Але якби був місяць, вона прийшла б
I am not afraid of the dark
Я не боюся темряви
but she is younger than I am
але вона молодша за мене
she was born after I was
вона народилася після того, як я був
Many and many are the visits I have paid her
Багато і багато візитів, які я їй відвідав
she is my comfort and refuge when my life is hard
Вона є моєю втіхою і притулком, коли моє життя важке
and my life is mainly made from hard moments
І моє життя в основному складається з важких моментів

TUESDAY - ВІВТОРОК
All the morning I was at work improving the estate
Весь ранок я був на роботі, покращуючи маєток
and I purposely kept away from him
і я навмисно тримався від нього подалі
in the hope that he would get lonely and come
в надії, що він стане самотнім і прийде
But he did not come to me
Але він не прийшов до мене
At noon I stopped for the day
Опівдні я зупинився на день
and I took my recreation
і я взяв свій відпочинок
I flitted about with the bees and the butterflies
Я пурхав з бджолами і метеликами
and I revelled in the flowers
і я насолоджувався квітами
those beautiful happy little creatures
Ці прекрасні щасливі маленькі створіння
they catch the smile of God out of the sky
вони ловлять посмішку Бога з неба
and they preserve the smile!
І вони зберігають посмішку!
I gathered them and made them into wreaths
Я зібрав їх і зробив з них вінки
and I clothed myself in flowers
і я одягнувся в квіти
I ate my luncheon; apples
Я з'їв свій обід; Яблука
of course; then I sat in the shade
Звичайно; потім я сидів у тіні
and I wished and waited
і я хотів і чекав
But he did not come
Але він не прийшов

But it is of no loss
Але це без втрат
Nothing would have come of it
Нічого б з цього не вийшло
because he does not care for flowers
тому що він не доглядає за квітами,
He called them rubbish
Він назвав їх сміттям
and he cannot tell one from another
і він не може відрізнити одне від іншого
and he thinks it is superior to feel like that
І він вважає, що краще відчувати себе так
He does not care for me, flowers

Він не піклується про мене, квіти
nor does he care for the painted sky in the evening
Він також не піклується про намальоване небо ввечері
is there anything he does care for?
Чи є щось, про що він піклується?
he cares for nothing except building shacks
Він ні про що не піклується, крім будівництва халуп
he builds them to coop himself up
Він будує їх, щоб накопичити себе
but he's away from the good clean rain
Але він далеко від хорошого чистого дощу
and he does not sample the fruits
і він не пробує плоди

I laid a dry stick on the ground
Я поклав на землю сухою палицею
and I tried to bore a hole in it with another one
і я спробував проколоти в ньому дірку ще одним
in order to carry out a scheme that I had
для того, щоб здійснити схему, яка у мене була
and soon I got an awful fright
і незабаром я отримав жахливий переляк
A thin, transparent bluish film rose out of the hole
З отвору піднялася тонка прозора блакитнувата плівка
and I dropped everything and ran
і я кинув все і побіг
I thought it was a spirit
Я думав, що це дух
and I was so frightened!
і я так злякався!
But I looked back and it was not coming;
Але я озирнувся назад, і він не настав;
so I leaned against a rock
тому я притулився до скелі
and I rested and panted
і я відпочив і задихався
and I let my limbs go on trembling
і я дозволив своїм кінцівкам тремтіти
finally they were steady again
Нарешті вони знову були стійкими
then I crept warily back
потім я насторожено підкрався назад
I was alert, watching, and ready to fly
Я був напоготові, спостерігав і був готовий до польоту
I would run if there was occasion
Я б бігав, якби була нагода
when I was near I parted the branches of a rose-bush
коли я був поруч, я розлучив гілки троянди-куща
and I peeped through the rose-bush
і я підглянув крізь кущ троянди

and I wished the man was about
і я хотів, щоб цей чоловік був близько
I was looking so cunning and pretty
Я виглядав таким хитрим і гарненьким
but the spirit was gone
Але дух зник
I went where the spirit was
Я пішов туди, де був дух
there was a pinch of delicate pink dust in the hole
У дірі була щіпка ніжного рожевого пилу
I put my finger in to feel it
Я вклав палець, щоб відчути це
and I said "ouch!"
і я сказав "ой!"
and I took it out again
і я знову вийняв його
It was a cruel pain
Це був жорстокий біль
I put my finger in my mouth
Я засунув палець у рот
I stood on one foot and then the other, grunting
Я стояв то на одній нозі, то на іншій, хрюкаючи
I presently eased my misery
Тепер я полегшив своє нещастя
then I was full of interest and I began to examine
потім я був сповнений інтересу і почав розглядати

- 80 -

I was curious to know what the pink dust was
Мені було цікаво дізнатися, що таке рожевий пил
Suddenly the name of it occurred to me
Раптом мені спала на думку його назва
I had never heard of it before
Я ніколи раніше про це не чув
but I knew it was FIRE!
але я знав, що це ВОГОНЬ!
I was as certain of it
Я був у цьому так само впевнений
as certain as a person could be of anything in the world
настільки певною, наскільки людина може бути в чомусь на світі
So without hesitation I named it that — fire
Тому, не вагаючись, я назвав його так — вогонь

I had created something that didn't exist before
Я створив те, чого раніше не існувало
I had added a new thing to the world
Я додав у світ щось нове
this world full of uncountable phenomena
Цей світ, повний незліченних явищ
I realized this and I was proud of my achievement
Я зрозумів це і пишався своїм досягненням
and was going to run and find him
і збирався бігти і знайти його
I wanted tell him about it
Я хотів розповісти йому про це
I thought it might raise myself in his esteem

Я думав, що це може підняти мене в його пошані
but I reflected on it
але я розмірковував над цим
and I did not do it
і я цього не зробив
No, he would not care for it
Ні, він би не дбав про це
He would ask what it was good for
Він запитував, для чого це добре
and what could I answer?
і що я міг відповісти?
it was not good for something, it was merely beautiful
Це було не добре для чогось, це було просто красиво

So I sighed, and I did not go
Тому я зітхнув, і я не пішов
Because it wasn't good for anything
Тому що це ні для чого не годилося
it could not build a shack
Вона не могла побудувати халупу
it could not improve melon
Це не могло поліпшити диню
it could not hurry a fruit crop
Вона не могла квапити плодову культуру
it was useless and foolish vanity
Це було марне і нерозумне марнославство
he would despise it and say cutting words
Він зневажав це і говорив ріжучі слова
But to me it was not despicable
Але для мене це було не гидко
I said, "Oh, you fire, I love you"
Я сказав: "О, ти вогонь, я люблю тебе"
"you dainty pink creature, you are BEAUTIFUL"
"Ти вишукане рожеве створіння, ти ПРЕКРАСНА"
"and being beautiful is enough!"
«І досить бути красивою!»
and I was going to gather it to my breast, but refrained
і я збирався зібрати його до грудей, але утримався
Then I thought of another maxim
Тоді я подумав про іншу сентенцію
it was very similar to the first one
Він був дуже схожий на перший
I was afraid it was a plagiarism
Я боявся, що це плагіат
"THE BURNT EXPERIMENT SHUNS THE FIRE"
"СПАЛЕНИЙ ЕКСПЕРИМЕНТ ЦУРАЄТЬСЯ ВОГНЮ"
I repeated my experiment
Я повторив свій експеримент
I had made a good deal of fire-dust
Я зробив багато вогненного пилу

and I emptied it into a handful of dry brown grass
і я спорожнив його в жменю сухої бурої трави
I was intending to carry it home
Я збирався віднести його додому
and I wanted to keep it and play with it
і я хотів зберегти його і пограти з ним
but the wind struck it and it sprayed up
Але вітер вдарив по ньому, і він бризнув вгору
and it spat out at me fiercely
І воно люто виплюнуло на мене
and I dropped it and ran
і я кинув його і побіг
When I looked back the blue spirit was towering up
Коли я озирнувся назад, блакитний дух піднявся вгору
and it was stretching and rolling away like a cloud
і вона тягнулася і відкочувалася, як хмара
and instantly I thought of the name of it — SMOKE!
і миттєво я подумав про його назву — ДИМ!
and upon my word, I had never heard of smoke before
і, за моїм словом, я ніколи раніше не чув про дим

Soon brilliant yellow and red flares shot up
Незабаром блискучі жовті і червоні спалахи злетіли вгору
they shot up through the smoke
Вони стріляли вгору крізь дим
and I named them in an instant — FLAMES
і я назвав їх в одну мить — ПОЛУМ'Я
and I was right about this too
і в цьому я теж мав рацію
even though these were the very first flames there had ever been
Незважаючи на те, що це було найперше полум'я, яке коли-небудь було
They climbed the trees and they flashed splendidly
Вони лазили по деревах, і вони чудово блимали
there was increasing volume of tumbling smoke
збільшувався об'єм диму, що перекидався
and the flames danced in and out of the smoke
і полум'я танцювало в диму і з нього
and I had to clap my hands and laugh and dance
і мені доводилося плескати в долоні, сміятися і танцювати
it was so new and strange
Це було так нове і дивне
and it was so wonderful and beautiful!
І це було так чудово і красиво!

He came running, and he stopped and gazed
Він прибіг, зупинився і подивився
he said not a word for many minutes
Він не сказав ні слова протягом багатьох хвилин
Then he asked what it was
Потім він запитав, що це таке
it a shame he asked such a direct question
Прикро, що він поставив таке пряме запитання
I had to answer it, of course, and I did
Звичайно, мені довелося відповісти на нього, і я це зробив
if it annoyed him, what could I do?
якщо це його дратувало, що я міг зробити?
it's not my fault that I knew what it was

я не винен, що знав, що це таке
I said it was fire
Я сказав, що це вогонь
I had no desire to annoy him
У мене не було бажання його дратувати
After a pause he asked: "How did it come?"
Після паузи він запитав: «Як це сталося?»
this question also had to have a direct answer
На це питання також повинна була бути пряма відповідь
"I made it" I answered
"Я зробив", — відповів я
The fire was travelling farther and farther away
Вогонь поширювався все далі і далі
He went to the edge of the burned place
Він підійшов до краю спаленого місця
and he stood looking down at it
І він стояв, дивлячись на неї
and he said: "What are these?"
і він сказав: "Що це таке?"
I told him they were fire-coals
Я сказав йому, що це вугілля
He picked up one to examine it
Він взяв один, щоб оглянути його
but he changed his mind and put it down again
Але він передумав і знову поклав це
Then he went away
Потім він пішов
NOTHING interests him
НІЩО його не цікавить

But I was interested
Але мені було цікаво
There were ashes, gray and soft and delicate and pretty
Був попіл, сірий і м'який, ніжний і гарненький
I knew what they were straight away
Я відразу зрозумів, що це таке
And the embers; I knew the embers, too
І вуглинки; Я також знав вуглинки
I found my apples and I raked them out
Я знайшов свої яблука і розгрібав їх
and I was glad because I am very young
і я був радий, тому що я дуже молодий
so my appetite is still very active

Так що апетит у мене ще дуже активний
But I was disappointed by the experiment
Але я був розчарований експериментом
because all the apples were burst open and spoiled
тому що всі яблука лопнули і зіпсувалися
at least, I thought they were spoiled
принаймні, я думав, що вони зіпсовані
but they were not actually spoiled
Але насправді вони не були зіпсовані
they were better than raw ones
Вони були кращими за сирі
Fire is beautiful and some day it will be useful, I think
Вогонь прекрасний і коли-небудь стане в нагоді, думаю

FRIDAY - П'ЯТНИЦЯ
I saw him again, for a moment
Я побачив його знову, на мить
last Monday at nightfall, but only for a moment
минулого понеділка з настанням темряви, але лише на мить
I was hoping he would praise me for trying to improve the estate
Я сподівався, що він похвалить мене за спробу покращити маєток
because I had meant well and had worked hard
тому що я мав на увазі добре і багато працював
But he was not pleased and he turned away and left me
Але йому було неприємно, і він відвернувся і пішов від мене
He was also displeased on another account
Він також був незадоволений іншим рахунком
I tried to persuade him to stop going over the water falls
Я намагався умовити його припинити ходити над водоспадом
the fire had revealed to me a new feeling
Вогонь відкрив мені нове почуття
this feeling was quite new
Це відчуття було зовсім новим
it felt distinctly different from love or grief
Вона виразно відрізнялася від любові чи горя
and it was different from the other passions I had discovered
і це відрізнялося від інших пристрастей, які я відкрив
this new feeling was FEAR and it is horrible!
це нове почуття було СТРАХОМ, і це жахливо!
I wish I had never discovered it
Шкода, що я ніколи цього не відкрив
it gives me dark moments and spoils my happiness
Це дарує мені темні моменти і псує моє щастя
it makes me shiver and tremble and shudder
це змушує мене тремтіти, тремтіти і здригатися

But I could not persuade him
Але переконати його я не зміг
he has not discovered fear yet
Він ще не виявив страху
so he could not understand me
тому він не міг мене зрозуміти

- **Extract from Adam's Diary -**
- Виписка з Щоденника Адама –

Perhaps I ought to remember that she is very young
Можливо, я повинен пам'ятати, що вона дуже молода
she is still but a mere girl
Вона все ще просто дівчина
and I should make allowances
і я повинен робити надбавки
She is all interest, eagerness, vivacity
У неї весь інтерес, завзяття, бадьорість

she finds the world endlessly charming
Вона знаходить світ нескінченно чарівним
a wonder, a mystery, a joy
Диво, таємниця, радість
she can't speak for delight when she finds a new flower
Вона не може говорити від захвату, коли знаходить нову квітку
she must pet it and caress it
Вона повинна гладити його і пестити,
and she has to smell it and talk to it
І вона повинна відчути його запах і поговорити з ним
and she pours out endearing names upon it
і вона виливає на нього милі імена
And she is color-mad; brown rocks, yellow sand
І вона кольорово-божевільна; коричневі скелі, жовтий пісок
gray moss, green foliage, blue sky, the pearl of the dawn
Сивий мох, зелене листя, блакитне небо, перлина світанку
the purple shadows on the mountains
Фіолетові тіні на горах
the golden islands floating in crimson seas at sunset
Золоті острови, що плавають у малинових морях на заході сонця
the pallid moon sailing through the shredded cloud-rack
Блідий місяць пливе крізь подрібнену хмару-стійку
the star-jewels glittering in the wastes of space
Зоряні коштовності, що виблискують у пустках космосу
none of these names are of any practical value
Жодне з цих імен не має ніякої практичної цінності
there's no value in them as far as I can see
в них, наскільки я бачу, немає ніякої цінності
but they have color and majesty
Але вони мають колір і велич
and that is enough for her
І цього їй достатньо
and she loses her mind over them

і вона втрачає розум над ними
If only she could quiet down a little
Якби тільки вона могла трохи заспокоїтися
I wish she kept still a couple minutes at a time
Я хотів би, щоб вона трималася ще пару хвилин за раз
it would be a reposeful spectacle
Це було б спокійне видовище
In that case I think I could enjoy looking at her
У такому випадку я думаю, що мені сподобається дивитися на неї
indeed, I am sure I could enjoy her company
дійсно, я впевнений, що міг би насолоджуватися її товариством
I am coming to realize that she is a quite remarkable creature
Я починаю розуміти, що вона досить чудова істота
lithe, slender, trim, rounded
вапняні, стрункі, обшиті, округлі
shapely, nimble, graceful
стрункі, спритні, граціозні
and once she was standing as white as marble
А колись вона стояла біла, як мармур
she was on a boulder, and drenched in the sun
Вона була на валуні, і залита сонцем
she stood with her young head tilted back
Вона стояла, відкинувши молоду голову назад
and her hand was shading her eyes
і її рука затінювала очі
she was watching the flight of a bird in the sky
Вона спостерігала за польотом птаха в небі
I recognized that she was beautiful
Я зрозумів, що вона прекрасна

MONDAY NOON - ПОЛУДЕНЬ ПОНЕДІЛКА
Is there anything that she is not interested in?
Чи є щось, що її не цікавить?
if there is something, it is not in my list
Якщо щось є, цього немає в моєму списку
There are animals that I am indifferent to
Є тварини, до яких я байдужий
but it is not so with her
Але з нею не так
She has no discrimination
У неї немає дискримінації
she takes to all the animals
Вона бере до себе всіх тварин
she thinks they are all treasures
Вона думає, що всі вони скарби
every new animal is welcome
Вітається кожна нова тварина

take the mighty brontosaurus as an example
Візьмемо для прикладу могутнього бронтозавра
she regarded it as an acquisition
Вона розцінила це як придбання
I considered it a calamity
Я вважав це лихом
that is a good sample of the lack of harmony
Це хороший приклад відсутності гармонії
a lack of harmony between our views of things
відсутність гармонії між нашими поглядами на речі
She wanted to domesticate it
Вона хотіла його одомашнити
I wanted to give it the house and move out
Я хотів подарувати йому будинок і виїхати

She believed it could be tamed by kind treatment
Вона вважала, що його можна приборкати добрим ставленням
and she thought it would be a good pet
І вона думала, що це буде хороший вихованець
I tried to convince her otherwise
Я намагався переконати її у зворотному
a pet twenty-one feet high is no thing to have at home
Домашня тварина висотою двадцять один фут - це не те, що можна мати вдома
even with the best intentions it could sit down on the house
Навіть з найкращими намірами вона могла сісти на будинок
it wouldn't have to mean any harm
Це не повинно означати ніякої шкоди
but it could still mash the house quite easily
Але це все одно могло досить легко розім'яти будинок
for anyone could see that it was absent-minded
Бо будь-хто міг бачити, що це розсіяно
because it had an emptiness behind its eyes
тому що за очима була порожнеча
Still, her heart was set upon having that monster
Тим не менш, її серце було налаштоване на те, щоб мати цього монстра
and she couldn't give it up
І вона не могла від цього відмовитися
She thought we could start a dairy with it
Вона думала, що з ним можна завести молочну ферму
and she wanted me to help milk it
І вона хотіла, щоб я допоміг доїти його
but I wouldn't milk it
але я б його не доїв
it was too risky
Це було занадто ризиковано
The sex wasn't right for milking either
Секс теж не підходив для доїння

and we didn't have a ladder anyway
І драбини у нас все одно не було
Then she wanted to ride it
Тоді їй захотілося покататися на ньому
she thought she would get a better view of the scenery
Вона думала, що краще розгляне краєвиди
Thirty or forty feet of its tail was lying on the ground
Тридцять чи сорок футів його хвоста лежали на землі
it had all the size of a fallen tree
Він був розміром з повалене дерево
and she thought she could climb it
І вона думала, що зможе піднятися на нього
but she was mistaken
Але вона помилилася
when she got to the steep place it was too slick
Коли вона дісталася до крутого місця, воно було занадто гладким
and she came sliding back down
І вона скотилася назад вниз
she would have hurt herself if it wasn't for me
Вона б завдала собі шкоди, якби не я

Was she satisfied now? No
Чи була вона задоволена зараз? Ні
Nothing ever satisfies her but demonstration
Ніщо ніколи не задовольняє її, крім демонстрації
she didn't keep theories untested for long
Вона недовго тримала теорії неперевіреними
It is the right spirit, I concede
Це правильний дух, я визнаю
it is what attracts me to her
Це те, що мене в ній приваблює
I feel the influence of it
Я відчуваю вплив цього
if I were with her more I think I would become more adventurous

якби я був з нею більше, я думаю, що став би більш авантюрним
Well, she had one theory remaining about this colossus
Що ж, у неї залишилася одна теорія про цю махину
she thought that if we could tame it we could stand in the river
Вона подумала, що якщо ми зможемо її приручити, то зможемо стояти в річці
if we made him our friend we could use him as a bridge
Якби ми зробили його своїм другом, ми могли б використовувати його як міст
It turned out that he was already plenty tame enough
Виявилося, що він вже був досить досить ручним
he was tame enough as far as she was concerned
Він був досить ручним, наскільки вона була стурбована
so she tried her theory, but it failed
Тому вона спробувала свою теорію, але вона провалилася
she got him properly placed in the river
Вона правильно помістила його в річку
and she went ashore to cross over him
і вона зійшла на берег, щоб переправитися через нього
but he came out and followed her around
Але він вийшов і пішов за нею навколо
like a pet mountain
як домашня гора
Like the other animals
Як і інші тварини
They all do that
Всі вони так і роблять

- Eve's Diary -
- Щоденник Єви –

Tuesday, Wednesday, Thursday, and today:
Вівторок, середа, четвер і сьогодні:
I didn't see him any of these days
Я не бачив його жодного з цих днів
It is a long time to be alone
Довго залишатися на самоті
still, it is better to be alone than unwelcome
Все-таки краще побути на самоті, ніж небажаним

FRIDAY - П'ЯТНИЦЯ
I HAD to have company
Я ПОВИНЕН був мати компанію
I was made for having company, I think
Я був створений для того, щоб мати компанію, я думаю
so I made friends with the animals
тому я подружився з тваринами
They are just so charming
Вони просто такі чарівні
and they have the kindest disposition
І у них найдобріша вдача
and they have the politest ways
І у них є найввічливіші способи
they never look sour or let you feel that you are intruding
Вони ніколи не виглядають кислими і не дають вам відчути, що ви вторгаєтеся
they smile at you and wag their tail
Вони посміхаються вам і виляють хвостом
at least, they wag their tale if they've got one
Принаймні, вони виляють своєю казкою, якщо вона у них є
and they are always ready for a romp or an excursion
І вони завжди готові до прогулянки або екскурсії
they're ready for anything you want to propose
Вони готові до всього, що ви захочете запропонувати
I think they are perfect gentlemen
Я думаю, що вони ідеальні джентльмени
All these days we have had such good times
Всі ці дні у нас були такі хороші часи
and it hasn't been lonesome for me, ever
І мені ніколи не було самотньо

Lonesome! No, I should say not
Самотньо! Ні, я повинен сказати, що ні
there's always a swarm of them around
Навколо завжди їх рій
sometimes as much as four or five acres
іноді цілих чотири-п'ять соток
when you stand on a rock you can see them for miles
Коли ви стоїте на скелі, ви можете бачити їх за багато кілометрів
they are mottled and splashed and gay with color
Вони бувають строкатими і бризками і веселими з забарвленням
and there's a frisking sheen and sun-flash
А ще є жвавий блиск і сонячний спалах

and the landscape is so rippled with stripes
А пейзаж такий рябий смугами
you might think it was a lake
Ви можете подумати, що це озеро
but you know it isn't a lake at all
Але ви знаєте, що це зовсім не озеро
and there are storms of sociable birds
А ще бувають бурі товариських птахів
and there are hurricanes of whirring wings
І бувають урагани кружляють крил
and the sun strikes all that feathery commotion
і сонце вражає весь той пернатий переполох
you can see a blazing up of all the colors you can think of
Ви можете побачити палаючі всі кольори, які тільки можете придумати
enough colours to put your eyes out
достатньо кольорів, щоб вивести очі

We have made long excursions
Ми робили тривалі екскурсії
and I have seen a great deal of the world
і я бачив багато світу
I think I've seen almost all of it
Я думаю, що бачив майже все це
I must be first traveler
Я повинен бути першим мандрівником
and I am the only traveller
і я єдиний мандрівник
When we are on the march, it is an imposing sight
Коли ми знаходимося на марші, це вражаюче видовище
there's nothing like it anywhere
Нічого подібного ніде немає
For comfort I ride a tiger or a leopard
Для комфорту катаюся на тигрі або леопарді
because they are soft and have round backs that fit me
тому що вони м'які і мають круглі спинки, які мені підходять
and because they are such pretty animals
І тому що вони такі симпатичні тварини
but for long distance, or for scenery, I ride the elephant
але на далеку відстань або для декорацій я катаюся на слоні
He hoists me up with his trunk
Він піднімає мене своїм багажником
but I can get off myself
але я можу злізти з себе
when we are ready to camp he sits
Коли ми будемо готові до табору, він сидить
and I slide down off his back
і я сповзаю з його спини

The birds and animals are all friendly to each other
Птахи і тварини всі доброзичливі один до одного
and there are no disputes about anything
І суперечок ні про що немає
They all talk with each other and to me
Вони всі розмовляють один з одним і зі мною
but it must be a foreign language
Але це повинна бути іноземна мова
because I cannot make out a word they say
тому що я не можу розібрати ні слова, яке вони говорять
yet they often understand me when I talk back
але вони часто розуміють мене, коли я відповідаю
the dog and the elephant understand me particularly well
Собака і слон розуміють мене особливо добре

It makes me ashamed
Мені соромно
It shows that they are more intelligent than I am
Це показує, що вони розумніші за мене
but I want to be the main experiment
але я хочу бути головним експериментом
and I intend to be the main experiment
і я маю намір бути головним експериментом
I have learned a number of things
Я дізнався багато речей
and I am educated, now
і я зараз освічений
but I wasn't educated at first
але спочатку я не був освіченим
I was ignorant at first
Спочатку я був неосвіченим
At first it used to vex me
Спочатку це мене дратувало
because I was never smart enough
тому що я ніколи не був достатньо розумним
I wasn't smart enough despite how much I observed
Я не був достатньо розумним, незважаючи на те, скільки я спостерігав
I was never around when the water was running uphill
Я ніколи не був поруч, коли вода текла в гору
but now I do not mind it
але зараз я не проти
I have experimented and experimented
Я експериментував і експериментував
I know it never runs uphill, except in the dark
Я знаю, що він ніколи не біжить в гору, хіба що в темряві
I know it does run uphill when it is dark
Я знаю, що він біжить в гору, коли темно
because the pool never goes dry
тому що басейн ніколи не пересихає,
it would dry up if the water didn't come back in the night

Він висохне вночі, якщо вода не повернеться вночі
It is best to prove things by actual experiment
Найкраще доводити речі реальним експериментом
if you do an experiment then you KNOW
якщо ви проводите експеримент, то ви ЗНАЄТЕ
whereas if you depend on guessing you never get educated
тоді як, якщо ви залежите від здогадок, ви ніколи не отримаєте освіти

thinking about things is not enough either
Думати про речі теж недостатньо
Some things you CAN'T find out
Деякі речі, які ви НЕ МОЖЕТЕ дізнатися
but you will never know you can't by guessing and supposing:
Але ви ніколи не дізнаєтеся, що не можете, здогадуючись і припускаючи:
no, you have to be patient and go on experimenting
Ні, ви повинні набратися терпіння і продовжувати експериментувати
until you find out that you can't find out
поки не виявиш, що не можеш дізнатися
And it is delightful to have it that way
І чудово мати його таким
it makes the world so interesting
Це робить світ таким цікавим
If there wasn't anything to find out, it would be dull
Якби не було чого дізнатися, було б нудно
Even not finding out is just as interesting
Навіть не дізнатися так само цікаво
sometimes not finding out is as interesting as finding out
Іноді не з'ясувати так само цікаво, як дізнатися
The secret of the water was a treasure until I got it
Секрет води був скарбом, поки я його не отримав
then the excitement all went away
Потім хвилювання все пішло
and I recognized a sense of loss
і я усвідомив почуття втрати

By experiment I know that wood swims
Дослідним шляхом знаю, що деревина плаває
dry leaves, feathers, and other things float too
Сухе листя, пір'я та інші речі теж спливають
so you can know that a rock can swim
Так ви зможете знати, що скеля може плавати
because you've collected cumulative evidence
тому що ви зібрали сукупні докази
but you have to put up with simply knowing it
Але ви повинні змиритися з тим, щоб просто знати це
because there isn't any way to prove it
тому що немає ніякого способу це довести
at least up until now there's no way to prove it
принаймні досі немає можливості це довести

But I shall find a way
Але я знайду спосіб
then that excitement will go
Тоді це хвилювання піде
Such things make me sad
Такі речі мене засмучують
by and by I will come to know everything
по черзі я пізнаю все
and then there won't be any more excitement
І тоді більше не буде хвилювання
and I do love excitements so much!
і я так люблю хвилювання!
The other night I couldn't sleep
Іншої ночі я не міг заснути
I was thinking so much about it
Я так багато думав про це

At first I couldn't establish what I was made for
Спочатку я не міг встановити, для чого я створений
but now I think I know what I was made for
але тепер я думаю, що знаю, для чого я був створений
I was made to search out the secrets of this wonderful world
Я був змушений шукати таємниці цього дивовижного світу
and I am made to be happy
і я створений, щоб бути щасливим
I think the Giver of it all for devising it
Я думаю, що Дарувальник всього цього для того, щоб придумати це
I think there are still many things to learn
Я думаю, що є ще багато чому навчитися
and I hope there will always be more to learn
і я сподіваюся, що завжди буде чому навчитися
by not hurrying too fast I think they will last weeks and weeks
не поспішаючи занадто швидко, я думаю, що вони триватимуть тижні та тижні
I hope I have so much left to discover
Сподіваюся, мені залишилося так багато відкрити
When you cast up a feather it sails away on the air
Коли ви кидаєте перо, воно відпливає в повітрі
and then it goes out of sight
А потім воно зникає з поля зору
when you throw up a clod it doesn't act like a feather
Коли ви підкидаєте грудку, вона не діє як пір'їнка
It comes down, every time
Він спускається, кожен раз
I have tried it and tried it
Я спробував і спробував
and it is always this way
І так завжди
I wonder why it is
Цікаво, чому це так

Of course it DOESN'T come down
Звичайно, це НЕ сходить
but why does it SEEM to come down?
але чому вона, здається, спускається?
I suppose it is an optical illusion
Я вважаю, що це оптична ілюзія
I mean, one of them is an optical illusion
Я маю на увазі, що одна з них - оптична ілюзія
I don't know which one is an optical illusion
Я не знаю, яка з них оптична ілюзія
It may be the feather, it may be the clod
Це може бути перо, це може бути кому
I can't prove which it is
Я не можу довести, що це таке
I can only demonstrate that one or the other is a fake
Я можу лише продемонструвати, що те чи інше є підробкою
and I let you take your choice
і я дозволяю вам зробити свій вибір

By watching, I know that the stars are not going to last
Спостерігаючи, я знаю, що зірки не триватимуть довго
I have seen some of the best ones melt
Я бачив, як деякі з найкращих тануть
and then they ran down the sky
А потім побігли по небу
Since one can melt, they can all melt
Оскільки один може розплавитися, всі вони можуть розплавитися
since they can all melt, they can all melt the same night
Оскільки всі вони можуть розтанути, всі вони можуть розтанути тієї ж ночі
That sorrow will come, I know it
Це горе прийде, я це знаю
I mean to sit up every night and look at them
Я маю на увазі щовечора сидіти і дивитися на них
as long as I can keep awake
поки я можу не спати
and I will impress those sparkling fields on my memory
і я закарбую ці блискучі поля в моїй пам'яті
so that I can by my fancy restore those lovely myriads
щоб я міг своєю фантазією відновити ці прекрасні міріади
then I can put them back into the black sky, when they are taken away
потім я можу помістити їх назад у чорне небо, коли їх заберуть
and I can make them sparkle again
і я можу змусити їх знову виблискувати
and I can double them by the blur of my tears
і я можу подвоїти їх, розмиваючи свої сльози

- After the Fall -
- Після падіння –

When I look back, the Garden is a dream to me
Коли я озираюся назад, сад для мене мрія
It was beautiful, surpassingly beautiful, enchantingly beautiful
Це було красиво, надзвичайно красиво, феєрично красиво
and now the garden is lost
І ось сад загублений
and I shall not see it any more
і я більше не побачу цього

The Garden is lost, but I have found him
Сад загублений, але я знайшов його
and I am content with that
і я задоволений цим
He loves me as well as he can
Він любить мене так добре, як може
I love him with all the strength of my passionate nature
Я люблю його з усією силою своєї пристрасної натури
and this is proper to my youth and sex, I think
і це властиво моїй молодості та сексу, я думаю
If I ask myself why I love him, I find I do not know
Якщо я запитую себе, чому я люблю його, я виявляю, що не знаю
and I do not really care to know
і мені не дуже цікаво знати
so I suppose this kind of love is not a product of reasoning
тому я вважаю, що така любов не є продуктом міркувань
this love has nothing to do with statistics
Ця любов не має нічого спільного зі статистикою
it is different to the way one loves the animals
Це відрізняється від того, як люблять тварин
I think that this must be so
Я думаю, що так має бути
I love certain birds because of their song
Я люблю певних птахів через їхню пісню
but I do not love Adam on account of his singing
але я не люблю Адама за його спів
No, it is not that
Ні, справа не в цьому
the more he sings the more I do not get reconciled to it
чим більше він співає, тим більше я з ним не мирюся
Yet I ask him to sing
Але я прошу його заспівати
because I wish to learn to like everything he is interested in
тому що я хочу навчитися любити все, що йому цікаво
I am sure I can learn

Я впевнений, що зможу навчитися
because at first I could not stand it, but now I can
тому що спочатку я не витримала, але тепер можу
It sours the milk, but it doesn't matter
Молоко скисає, але це не біда
I can get used to that kind of milk
Я можу звикнути до такого молока

It is not on account of his brightness that I love him
Я люблю його не через його яскравість
no, it is not that
Ні, справа не в цьому
He is not to blame for his brightness
Він не винен у своїй яскравості
because he did not make it himself
тому що він не зробив це сам
he is as God made him
він такий, яким його створив Бог
and that is sufficient the way he is
і цього достатньо, як він є
There was a wise purpose in it, that I know
У цьому була мудра мета, яку я знаю
In time the purpose will develop
З часом мета буде розвиватися
though I think it will not be sudden
хоча я думаю, що це не буде раптово
and besides, there is no hurry
І до того ж поспішати нікуди
he is good enough just as he is
Він досить хороший таким, яким він є
It is not his grace for which I love him
Це не його благодать, за яку я люблю його
and I do not love him for his delicate nature
і я не люблю його за його делікатний характер
he would not be considerate for love either
Він також не був би уважним до любові
No, he is lacking in these regards
Ні, йому в цьому плані не вистачає
but he is well enough just as he is
Але він досить добре такий, яким він є
and he is improving
І він вдосконалюється

It is not on account of his industry that I love him
Я люблю його не через його індустрію
No, it is not that
Ні, справа не в цьому
I think he has it in him
Я думаю, що він має це в собі
and I do not know why he conceals it from me
і я не знаю, чому він приховує це від мене
It is my only pain
Це мій єдиний біль
Otherwise he is frank and open with me, now
В іншому випадку він відвертий і відкритий зі мною, зараз
I am sure he keeps nothing from me but this
Я впевнений, що він нічого не утримує від мене, крім

цього
It grieves me that he should have a secret from me
Мене засмучує, що він повинен мати таємницю від мене
and sometimes it spoils my sleep thinking of it
А іноді це псує сон, думаючи про це
but I will put it out of my mind
але я викину це з розуму
it shall not trouble my happiness
це не тривожить моє щастя
my happiness is already almost overflowing
Моє щастя вже майже переповнюється
It is not on account of his education that I love him
Я люблю його не через його освіту
No, it is not that
Ні, справа не в цьому
He is self-educated
Він самоосвічений
and he does really know a multitude of things
І Він дійсно знає багато речей
It is not on account of his chivalry that I love him
Я люблю його не через його лицарство
No, it is not that
Ні, справа не в цьому
He told on me, but I do not blame him
Він сказав мені, але я його не звинувачую
it is a peculiarity of sex, I think
це особливість сексу, я думаю
and he did not make his sex
І він не займався своїм сексом
Of course I would not have told on him
Звичайно, я б не розповів про нього
I would have perished before telling on him
Я б загинув, перш ніж розповісти про нього
but that is a peculiarity of sex, too
Але це теж особливість сексу
and I do not take credit for it

і я не беру за це заслуги
because I did not make my sex
тому що я не займався своїм сексом
Then why is it that I love him?
Тоді чому я люблю його?
MERELY BECAUSE HE IS MASCULINE, I think
ПРОСТО ТОМУ, ЩО ВІН ЧОЛОВІЧИЙ, Я думаю

At bottom he is good, and I love him for that
Внизу він хороший, і я люблю його за це
but I could love him without him being good
але я міг любити його, не будучи хорошим
If he beat me and abused me I could go on loving him
Якби він бив мене і знущався, я міг би продовжувати любити його
I know it is that way
Я знаю, що це так
It is a matter of my sex, I think
Я думаю, що це питання моєї статі
He is strong and handsome
Він сильний і красивий
and I love him for that
і я люблю його за це
and I admire him
і я захоплююся ним
and am proud of him
і пишаюся ним
but I could love him without those qualities
але я міг би любити його і без цих якостей
If he were plain, I would still love him
Якби він був простим, я б все одно любив його
if he were a wreck, I would still love him
якби він був руйнівником, я б все одно любив його
and I would work for him
і я б працював на нього
and I would slave over him
і я був би рабом над ним
and I would pray for him
і я буду молитися за нього
and I would watch by his bedside until I died
і я спостерігав біля його ліжка, поки не помру

Yes, I think I love him merely because he is MINE
Так, я думаю, що люблю його лише тому, що він МІЙ
and I love him because he is MASCULINE
і я люблю його, тому що він ЧОЛОВІЧИЙ
There is no other reason, I suppose
Я вважаю, що іншої причини немає
And so I think it is as I first said
І тому я думаю, що це так, як я вперше сказав
this kind of love is not a product of reasoning and statistics
Такого роду любов не є продуктом міркувань і статистики
this kind of love just comes by itself
Цей вид любові просто приходить сам собою
No one knows when it will come
Ніхто не знає, коли це настане

and love cannot explain itself
і любов не може пояснити себе
love doesn't need to explain itself
Любові не потрібно пояснювати себе
that is what I think, but I am only a girl
так я думаю, але я всього лише дівчина
I am the first girl that has examined this matter
Я перша дівчина, яка розглянула це питання
although, out of inexperience, I may not have gotten it right
хоча, через недосвідченість, я, можливо, не зрозумів це правильно

- Forty Years Later -
- Сорок років потому –

It is my prayer, it is my longing;
Це моя молитва, це моя туга;
I pray that we pass from this life together
Я молюся, щоб ми разом пішли з цього життя
this longing shall never perish from the earth
ця туга ніколи не загине з землі
but it shall have place in the heart of every wife that loves
але воно матиме місце в серці кожної дружини, яка любить
until the end of time
до кінця часів
and it shall be called by my name; Eve
і його буде названо Моїм ім'ям; Єва

But if one of us must go first, it is my prayer that it shall be I
Але якщо хтось із нас повинен піти першим, то я молюся, щоб це був Я
for he is strong, I am weak
бо він сильний, я слабкий
I am not as necessary to him as he is to me
Я йому не такий потрібен, як він мені
life without him would not be life
Життя без нього не було б життям
how could I endure it?
як я міг це витерпіти?
This prayer is also immortal
Ця молитва також безсмертна
this prayer will not cease from being offered up while my race continues
Ця молитва не перестане підноситися, поки триває мій рід
I am the first wife
Я перша дружина
and in the last wife I shall be repeated
і в останній дружині я повторююся;

- At Eve's Grave -
- На могилі Єви –

ADAM: "Wheresoever she was, there was Eden"
АДАМ: "Де б вона не була, там був Едем"

www.ingramcontent.com/pod-product-compliance
Lightning Source LLC
Chambersburg PA
CBHW011952090526
44591CB00020B/2732